90 IDEIAS DE JOGOS E ATIVIDADES PARA SALA DE AULA

Dados Internacionais de Catalogação na Publicação (CIP)
(Câmara Brasileira do Livro, SP, Brasil)

Ferlin, Ana Maria
    90 ideias de jogos e atividades para sala de
aula / Ana Maria Ferlin, Daisy Aparecida Corrêa
Gomes. 4. ed. – Petrópolis, RJ : Vozes, 2011.
    Bibliografia.
    ISBN 978-85-326-3670-6
    1. Aprendizagem perceptivo-motora 2. Atividades
criativas 3. Capacidade motora em crianças
4. Crianças – Desenvolvimento 5. Educação infantil
6. Jogos educativos – Atividades 7. Sala de aula –
Direção I. Gomes, Daisy Aparecida Corrêa.
II. Título.

08-02599   CDD-371.397

Índices para catálogo sistemático:
1. Jogos e atividades : Educação   371.397
2. Ludopedagogia : Educação   371.397

Ana Maria Ferlin
Daisy Aparecida Corrêa Gomes

90 Ideias de jogos e atividades para sala de aula

EDITORA
VOZES

Petrópolis

© 2008, Editora Vozes Ltda.
Rua Frei Luís, 100
25689-900 Petrópolis, RJ
Internet: http://www.vozes.com.br
Brasil

Todos os direitos reservados. Nenhuma parte desta obra poderá ser reproduzida ou transmitida por qualquer forma e/ou quaisquer meios (eletrônico ou mecânico, incluindo fotocópia e gravação) ou arquivada em qualquer sistema ou banco de dados sem permissão escrita da Editora.

Diretor editorial
Frei Antônio Moser

Editores
Aline dos Santos Carneiro
José Maria da Silva
Lídio Peretti
Marilac Loraine Oleniki

Secretário executivo
João Batista Kreuch

Projeto gráfico: AG.SR Desenv. Gráfico
Ilustrações e capa: Omar Santos

ISBN 978-85-326-3670-6

Editado conforme o novo acordo ortográfico.

Este livro foi composto e impresso pela Editora Vozes Ltda.
Rua Frei Luís, 100 – Petrópolis, RJ – Brasil – CEP 25689-900
Caixa Postal 90023 – Tel.: (24) 2233-9000
Fax: (24) 2231-4676.

*Para você educador, profissional corajoso
que acredita ser possível criar e
permitir que os educandos criem...*

*Para nossos amigos, que incentivam
e enriquecem nosso trabalho...*

*E um agradecimento especial às
professoras Marila Inês Dalmazo Barbieri
e Rosemeire Nogueira Moraes de Aquino, que
com dedicação e empenho contribuíram
com este trabalho e realizaram com
seus alunos as atividades propostas.*

SUMÁRIO

Apresentação, 9

Introdução, 11

Aprender pelo fazer pensando no que faz, 13

Algumas ideias..., 21

• Sol e lua, 23• Procure seu par, 24 • Não me toque, 26 • Pedrinhas pra lá e pra cá, 27 • Jogo das tarefas, 28 • Três amigos para cumprimentar, 30 • Em cada mês, 32 • O urso de olhos vendados, 34 • Caminho para a escola, 35 • O lobo, aonde vai?, 36 • Cara metade, 38 • O que você vê nesses sinais?, 39 • Handalvo, 40 • Para ganhar é só fazer rir!, 42 • Aponte o que você viu..., 43 • Barbante maluco, 44 • Carimbeira, 46 • Escondendo o apito, 48 • Perseguição em alto-mar, 49 • Ataque? Defesa?, 50 • Onde está o sobrevivente?, 52 • Derrubando obstáculos, 54 • Quatro gols, 56 • Chute aos cantos, 58 • Mais um animalzinho, 60 • Basquete humano, 62 • Barbante em círculo, 64 • Fuja da cor, 66 • Acertando o gol, 68 • Acordando o corpo, 70 • Fazendo bruxaria, 71 • Acertar o ponto, 72 • Correio, 74 • O que eu sei sobre trânsito?, 76 • Para onde ir?, 78 • Pescando, 80 • Pula e pula, 82 • Até no escuro, 84 • Experimentando e construindo, 86 • Perseguir o guarda, 87 • Bastonando argolas, 88 • Sinobola, 89 • Toda vez que..., 90 • Voleichuá, 91 • Construindo o livro das letras, 92 • Fazendo letras, 94 • Tênis de corpo inteiro, 95 • Letras em cartelas, 96 • Alfabeto concreto, 98 • Ache o parceiro, 100 • Detetive, 101 • Jogo das caixinhas, 102 • Bingo de letras, 103 • Meu nome, um poema, 104 • Caixa surpresa, 105 • De casa pra escola, 106 • Atividades com nomes, 107 • Pescaria, 108

• Classificação de objetos, 109 • Vamos nos conhecer?, 110 • Sopa de letras, 112 • Jogo da argola, 113 • Boliche, 114 • Jogo da memória, 115 • O que não combina?, 116 • Jogo da caixa com nomes, 117 • Seja esperto, 118 • Eu sou poeta, 120 • Apresentando um amigo, 121 • Conto de fadas, 122 • Corrida dos valores humanos, 124 • Mercadinho, 126 • Lista de compras, 128 • Combinação de palavras, 129 • Falando de casa, 130 • Só vale sentado, 132 • Sempre 9, 134 • Bocha legal, 135 • Arremesse no calendário, 136 • Jogo dos números, 137 • Números em grupos, 138 • Brincando com o dado, 140 • Brincando com os calçados, 142 • Trabalhando as diferenças, 144 • Trabalhando com palitos, 146 • Bate e volta, 148

Bibliografia, 151

Apresentação

Elaine Assolini

O mérito desta obra não está somente na miríade de sugestões teórico-práticas de jogos, brincadeiras e atividades que podem colaborar para que os profissionais da educação, sobretudo os de Educação Infantil e Ensino Fundamental, possam concretizar sua prática pedagógica pautada por situações lúdicas, que, indiscutivelmente, afetam, sensibilizam, emocionam e trazem enorme prazer e alegria às crianças, promovendo, assim, o desenvolvimento afetivo, cognitivo, social, psicomotor e linguístico do educando.

O principal objetivo deste livro é convidar e conduzir os educadores a ocuparem uma outra posição: a de um profissional que se vê e se entende como um sujeito capaz de romper com uma pedagogia que interdita a criatividade, a imaginação, a fantasia. Uma pedagogia que insiste em manter a criança submetida a um discurso e a um fazer pedagógico que não lhes assegura oportunidades para o novo, para o diferente, para a polissemia, para o inusitado; uma pedagogia que não representa riscos ou ameaças à ordem social vigente, estável e hegemônica, que promove tão somente a instauração de corpos "submissos e dóceis", como diz Foucault.

Daisy e Ana são educadoras que, há muito, experimentam, vivenciam, saboreiam e ocupam o lugar de profissionais que ousam e acreditam que é possível transformar um fazer pedagógico marcado pela repetição, pela reprodução, pela mesmice, pelo tédio, características essas que não apenas desestimulam e desmotivam as crianças como também os próprios professores.

Sensíveis e atentas às transformações que urgentemente se fazem necessárias no sistema educacional atual, as autoras trazem propostas exequíveis, que requerem recursos materiais condizentes com a realidade educacional brasileira.

É com bastante entusiasmo, portanto, que apresento este livro aos profissionais da educação, que nele encontrarão bases de sustentação para desenvolver um trabalho pedagógico em que possam experimentar situações singulares de ensino, proporcionando às crianças condições para que sua imaginação e criatividade possam ser liberadas, bem como para que seus gestos, sua voz e sentimentos possam afetar e mobilizar todos aqueles que buscam edificar e erigir uma educação de melhor qualidade.

Introdução

Quando pensamos na inutilidade de uma aprendizagem mecânica, que trabalha apenas objetivando uma leitura de códigos – que não se apoia em ideias e conhecimentos construídos pela própria criança, que ainda treina para a cópia; um método em que a criança não tem a compreensão real do uso e função do que está aprendendo e que, por conseguinte, não consegue expressar-se com aquilo que recebeu como informação, pensamos na pedagogia da inutilidade.

Toda essa problemática a respeito da educação tem sido assunto do cotidiano dos profissionais envolvidos em buscar novas alternativas, tentando a superação dessa fase de transição de paradigmas.

Considerar sua tarefa cumprida a partir do momento que cumpriu um conteúdo estabelecido, não sabendo bem por quem e para quê, parece trazer um certo alívio a este profissional. Poucos, no entanto, compreendem o processo da aquisição do conhecimento e esta dificuldade faz com que o educador não tenha subsídios suficientes para avaliar o seu trabalho.

Como afinal a criança se relaciona com o objeto da aprendizagem? Sem essa compreensão, qualquer intervenção, quando existente, contribui para o desenvolvimento dessa aprendizagem e para a superação e avanço. Estão desconectadas das hipóteses, desvinculadas da realidade e da necessidade do educando.

Propomos com este trabalho, de forma lúdica e criativa, repensar nossa própria história, repensar a possibilidade da mudança, compreensão e aceitação daquilo que ainda não conhecemos bem.

Re-pensar a necessidade de romper com alguns conceitos que foram instalados em nossa própria formação. Re-significar nossa escolha e compromisso. Re-ver metodologias e con-viver com a angústia de admitir possíveis erros. Aderir à aprendizagem como um ser também em construção e formação, buscando re-ver teorias que possam restaurar nossa prática pedagógica e amenizar momentos do mal-estar docente, tão evidente em nossas instituições.

Aprender pelo fazer pensando no que faz

*É lento ensinar por teorias, mas breve e
eficaz é fazê-lo pelo exemplo.*

Sêneca

Tentamos combinar o conteúdo prático com objetivos que incluam no desenvolvimento da criança a expressão livre e prazerosa; a construção de um processo facilitador em que o educador tenha alguns caminhos alternativos melhorando sua prática e refletindo sobre os diversos saberes percebendo como o funcionamento cognitivo pode ser trabalhado pela exposição às experiências educacionais formais e informais.

Alguns educadores resistem à mudança descartando a possibilidade de um trabalho mais dinâmico por exigirem maior empenho e cuidado na sua preparação ou por não saberem de que forma realizá-lo. A criança, no entanto, é extremamente beneficiada com este trabalho, pois este "efeito de atenção" é bastante eficiente para encorajá-la a ter melhor desempenho nas atividades, sem contar que a *dinâmica* favorece uma proposta pedagógica que a mantém fora de sala de aula: um ensino que vem ao encontro das características dessa criança.

Um dos fatores mais importantes além da diversão é o fato de ser uma prática motivadora que possibilita a interação entre as crianças e o educador; envolve e cria cumplicidade. Atenção especial, no entanto, deve ser dada à diferença entre as crianças que precisam ser observadas para a elaboração de diferentes atividades que contemplem as necessidades de cada uma.

O grande envolvimento – por serem atividades prazerosas – facilita a concentração na proposta, permitindo que a criança esteja cada vez mais atenta, melhorando com certeza o seu desempenho.

Esta dinâmica do movimento como metodologia de aprendizado tem-se mostrado gratificante de forma a trazer maior satisfação sobretudo para o educador, que consegue envolver os educandos de forma favorável, o movimento favorece atos concretos, facilitando a experimentação, a observação e o ato de pensar sobre o que estão fazendo. Afinal, o dinamismo no ato de ensinar e aprender está relacionado à forma como é apresentado e à relação existente com o contexto em que a criança estará inserida.

O propósito do trabalho desenvolvido é mostrar aos educadores, por meio de exemplos práticos e da reflexão sobre esta prática, como fica mais fácil e mais prazeroso ensinar e aprender, aprender e ensinar.

Esperamos que as sugestões apresentadas os encorajem a realizar outras experiências que irão enriquecer ainda mais este trabalho.

O lúdico na construção de novos saberes

Nesta proposta, destacamos a criança como ser historicamente situado, com capacidade de colocar-se no mundo de forma crítica, para transformá-lo e ser por ele modificado. O desenvolvimento de atividades centradas no prazer e no caráter lúdico possibilita o refinamento progressivo das habilidades motoras especificamente humanas e que fazem parte da cultura corporal da criança como: jogos, brincadeiras, danças, etc., visando o desenvolvimento do potencial emocional afetivo, cognitivo e motor.

Este posicionamento crítico tem feito com que educadores se proponham a novas metodologias e abordagens para fazer da escola e da aprendizagem um "roteiro de alegrias". O incentivo à capacitação docente tem feito parte das propostas das instituições que compreendem a necessidade de reorganizar seu currículo e seus projetos.

A forma lúdica com que são executadas, propõe criatividade e facilidade de adaptação a situações novas, facilita o entrosamento e participação no trabalho grupal cooperativo e aceitação das limitações em si e no outro. Ao educador cabe mediar, sabendo adaptar e criar novas oportunidades.

Essa característica lúdica encontra algumas resistências, quer nos relacionamentos, quer na proposta das atividades por parte de alguns educadores que encontram enorme dificuldade em estabelecer esta relação com o "corpo" e com o "brincar", talvez com receio de que o seu papel seja confundido e que este tipo de aprendizagem leve à confusão e à indisciplina. Poder docente não pode ser confundido com autoridade docente.

O lúdico não pode continuar sendo visto como entrave para o saber. A seriedade valorizada como forma de facilitar a aprendizagem não pode ser confundida com rigidez, mesmice e sisudez. O docente só tem a ganhar quando estabelece uma relação menos formal com seu aluno, possibilitando a sua aproximação.

Por meio de um contexto mais significativo a criança expressa suas intenções e pode lidar com mais tranquilidade com suas tensões internas a partir de um referencial próprio. A construção de uma consciência que atente para os próprios movimentos e os compreenda assume uma atitude mais objetiva, aberta e positiva diante do aprender.

Ensinar a criança a partir do que lhe é próprio: o movimento

Por meio do movimento a criança explora seu corpo, experimenta e vivencia o que é possível fazer com ele, entra em interação com outras crianças, com o mundo dos adultos e explora o seu potencial.

O movimento está também presente na relação com os objetos e nas brincadeiras. Brincar é fundamental para a criança, é uma das principais formas de que ela dispõe para aprender sobre si própria, sobre as coisas que a rodeiam e sobre os outros.

A criança que convive grande parte de seu tempo com outras crianças estabelece uma relação afetiva com este grupo e com o educador que a acompanha. Esta convivência é capaz de conduzi-la a uma interação que possibilita várias emoções e situações de aprendizagem, desenvolvendo sua autonomia. Trabalha na construção de sua identidade, contribuindo com o processo de integração com o grupo e de socialização, auxiliando no seu desenvolvimento.

A escola é uma das possibilidades de desenvolvimento, porque a experiência anterior à vida escolar é relevante para o desenvolvimento da criança. A experiência acumulada nesta fase anterior será trazida e irá influenciar sua inserção no contexto escolar.

A criança, pelas interações que estabelece com o mundo, constrói um conceito de realidade cada vez mais elaborado. Esta aprendizagem refere-se ao *aprender pelo fazer*; o adulto funciona como mediador do processo onde as crianças são ativas e exercem ação direta sobre os objetos, refletem sobre suas ações, inventam, produzem, desenvolvem, planejam e resolvem problemas.

Este espaço necessita ser viabilizado e alguns componentes precisam ser levados em consideração como: deixar que manipulem materiais, decidam e escolham. É importante que estes materiais sejam suficientes para todos.

A dimensão espacial exigida nas atividades faz com que o educador, apoiado na diversidade de experiências lúdicas, tenha cuidado na sua preparação e escolha, permitindo à criança atuar de forma independente.

As atividades propostas, ora movimentadas, ora mais concentradas, preveem a participação das crianças em uma diversidade de situações: trabalho em pequenos grupos, trabalho individual, em duplas e em interação com os adultos.

O procedimento para a apresentação das atividades tem como sugestão:

Roda da conversa: onde a criança é acolhida, expõe suas experiências trazidas do contexto familiar e são estabelecidos os objetivos para aquele encontro. O educador esclarece a proposta das atividades, levando em consideração a disposição do grupo e de seus saberes próprios.

Aprender fazendo: desenvolvimento da atividade propriamente dita com as intervenções necessárias para que a criança reflita sobre o que está fazendo, possa avançar e elaborar novas hipóteses.

De volta ao bate-papo: momento em que a criança para, reflete sobre as ações desenvolvidas, retoma conceitos, avalia a participação do grupo e a sua própria, levanta dificuldades e tenta coletivamente buscar soluções para a superação das mesmas.

Retomando e registrando: oportunidade dada à criança para retomar as atividades fazendo seu próprio registro, através da escrita ou de uma representação plástica.

As interações estabelecidas são facilitadas pelo contexto de aprendizagem que apoia o desenvolvimento das relações positivas, a parceria nas brincadeiras, a abertura para o diálogo, a escuta atenta e o respeito às diferenças.

Uma prática que rompe um pouco com o modelo tradicional promovendo as habilidades necessárias para enfrentar novos desafios: aprender a pensar, aprender a conviver, aprender a ser, aprender a fazer fazendo, assumindo a concepção de criança como ser competente, fazendo da atividade infantil o eixo central para a ação educativa.

As atividades estão centradas na criança, em suas capacidades, condições e oportunidades. Os procedimentos utilizados priorizam a criança como agente principal e responsável por sua aprendizagem. A criança aprende por meio do lúdico, numa atitude de relacionamento e interação.

A aprendizagem realizada de forma significativa lhe permite transferir o que aprendeu para outras circunstâncias de sua vida, tornando-a capaz de resolver as situações-problema que se apresentam a ela.

Buscando novos percursos da proposta na prática educacional

Pensar numa metodologia como esta envolve organizar condições para que haja uma interação real, entre a criança e o adulto e entre as próprias crianças. Não se pode, no entanto, ignorar alguns condicionantes que ainda existem.

O educador organiza experiências e aprendizagem tornando-se neste momento a figura de centro desse processo.

Aquele "algo mais" tão falado e procurado pelo professor se dá "nesse encontro" entre educadores e educandos e isso vai além de elencarmos propostas. Neste "algo mais" que se estabelece nessa relação, torna-se possível a compreensão entre *os aspectos cognitivos e afetivos, o pensamento lógico e as emoções.*

Muitas são as barreiras que se impõem. A nossa angústia e inquietação é tentar superar estas barreiras que nos são impostas.

Lidar com as frustrações que se sobrepõem quase sempre ao fazer pedagógico exige do profissional, além da competência técnica, a competência relacional e humana, tornando possível este "encontro". A dinâmica deste trabalho facilita a interação interpessoal propiciando o autoconhecimento e o conhecimento sobre o outro.

O "fazer criativo" é por excelência um espaço potencial, um momento mágico e progressivo que se vivencia nas relações do ensino-aprendizagem; vivência esta intransferível. Criam-se estratégias nas quais despertam e se desenvolvem as múltiplas competências.

São propostas atividades de forma lúdica, dinâmica e diversificada que planejadas de diferentes modos são dirigidas para as necessidades de aprendizagem e potencialidades do educando.

Procuramos apresentar uma proposta que viabilize e explore os múltiplos caminhos que estimulam o despertar e o desenvolvimento de diversos domínios com a intenção de ampliar as possibilidades de construção de conhecimento, levando a criança a pensar por ela mesma de forma autônoma e criativa.

ALGUMAS
IDEIAS...

SOL E LUA

Objetivo:

Desenvolver atenção, concentração, agilidade, resistência, cooperação, autocontrole e raciocínio lógico.

Material:

Cartões coloridos, ou figuras geométricas e dado gigante, no caso de trabalhar par ou ímpar.

Desenvolvimento:

- Alunos em fileiras sentados de costas um para o outro.
- Colocar nome nas equipes.
- O educador gritará o nome da equipe. Os que pertencem, por exemplo, à equipe A (sol), perseguirão os da equipe B (lua).

Outras possibilidades:

- Formar mais que dois grupos, tornando a atividade mais dinâmica.
- Pode-se usar cartões com cores no lugar dos nomes.
- Apresentar figuras geométricas.
- Dados gigantes lançados – números pares e ímpares. Se cair no par, a equipe de número par pegará a de número ímpar e vice-versa.

Procure seu par

Objetivos:

Facilitar a interação, desenvolver habilidades motoras, recreação e socialização. Atividade para iniciar o encontro ou ainda para formar grupos de trabalho.

Material:

Crachás com desenhos ou palavras.

Desenvolvimento:

- Cada criança receberá seu crachá, contendo desenhos que farão par com o crachá de uma outra criança. Exemplo: a tampa e a panela.
- Ao sinal do educador, as crianças deverão procurar o seu par e, ao encontrá-lo, será feita uma apresentação seguida de um abraço, depois haverá uma conversa sobre como foi o seu dia e quais as experiências que gostaria de compartilhar. No caso de crianças bem menores, o orientador irá facilitar este diálogo.

Outras possibilidades:

- Os desenhos também poderão ser escolhidos de acordo com os temas e/ou conteúdos que estão sendo trabalhados em sala de aula.
- As crianças mesmas poderão confeccionar os desenhos, preparar e montar os crachás.

- Esta atividade poderá ser usada para desenvolver qualquer conceito como meio de informação, fazendo veicular o conteúdo de forma tranquila e prazerosa.
- Os crachás também poderão ser utilizados como perguntas e respostas, formando duplas ou trios, no caso de crianças maiores.

NÃO ME TOQUE

Objetivos:

Desenvolver habilidades motoras. Interação. Reflexão sobre a escrita.

Material:

Duas balizas, uma bola.

Desenvolvimento:

- Dois campos. Duas equipes. O objetivo é fazer gol. Cada equipe ficará no campo escolhido.
- Os jogadores deverão lançar a bola com as mãos uns para os outros, tentando fazer gol. Se, enquanto estiver de posse da bola, um jogador for tocado por um adversário, será colocado para dentro do gol, impedido de continuar jogando, até que sua equipe faça o gol seguinte.

Outras possibilidades:

- Cada criança terá nas costas um número. Se for tocada, a equipe contrária terá direito àquela quantidade de pontos. A contagem é feita no final, portanto, deverá ter um marcador para anotar a quantidade.
- Pedir que escrevam as regras do jogo e criem novas regras.

PEDRINHAS PRA LÁ E PRA CÁ

Objetivo:

Desenvolver agilidade, coordenação motora, socialização, percepção visual, espírito de equipe e descontração.

Material:

Pedrinhas ou bolinhas e dois aros.

Desenvolvimento:

- Os alunos serão divididos em dois grupos e colocados em colunas.
- Colocar um aro à frente de cada coluna com pedrinhas ou bolinhas.
- Ao sinal do educador, cada aluno da primeira coluna deverá transpor as pedras para fora do aro.
- O seguinte as recolocará e assim sucessivamente.

  Cada aluno transporta apenas uma pedra, não podendo transportar mais que uma.

Outras possibilidades:

- Pedir que elaborem ao final, cada grupo, um desenho.
- Usar as pedras para trabalhar contagem.
- Pintar as pedras (usando pincel e guache). Cada um pinta uma pedra com várias cores inicialmente, depois o grupo construirá um mosaico.
- Trabalhar áreas de ciências (minerais).

Jogo das tarefas

Objetivos:

Desenvolver habilidades motoras e raciocínio lógico. Reflexão sobre a leitura e escrita, mesmo que a criança ainda não tenha o domínio do código escrito e o educador exerça a função de leitor das atividades.

Material:

Envelopes, papel e lápis.

Desenvolvimento:

- Agrupar as crianças de duas em duas.
- Colocar dentro de envelopes algumas tarefas para que as crianças executem. Tarefas simples e rápidas de executar como:
- Abrir a porta.
- Apontar um lápis.
- Erguer as mãos.
- Apagar a lousa.
- Com crianças das séries mais avançadas pode-se fazer coletivamente a escolha das tarefas. Com crianças menores, se o educador preferir, as tarefas poderão ser apresentadas por meio de um desenho.

Outras possibilidades:

A partir da brincadeira:
- Trabalhar tempo (minutos e segundos).

- Quanto tempo vocês acham que demora para... ? Mais que... ou menos que...? (Aproximação e estimativa).
- Quem demorou mais/menos?
- Solicitar que reflitam sobre as frases e encontrem palavras conhecidas.
- A partir das palavras, tentar construir frases diferentes.
- Construir oralmente com as crianças uma história a partir das tarefas solicitadas.
- De acordo com as hipóteses em que se encontram, solicitar a construção de um texto e o registro do mesmo, podendo realizar coletivamente a correção.

Três amigos para cumprimentar

Objetivos:

Desenvolver a noção de localização espaçotemporal. Interação, socialização.

Refletir sobre a leitura e a escrita por meio do trabalho com listas de nomes.

Material:

Três vendas para colocar nos olhos e crachás grandes com os nomes dos alunos da sala.

Desenvolvimento:

- Crianças em círculo.
- Três crianças serão escolhidas para ficarem com olhos vendados.
- Ao sinal do educador deverão todas as crianças dar:
- 3 passos largos em qualquer direção.
- 5 passos pequenos em qualquer direção.
- Parar.
- As 3 crianças que estão com os olhos vendados deverão aproximar-se de um colega e cumprimentá-lo.
- Estes deverão tomar o lugar dos que estão com os olhos vendados.

Outras possibilidades:

- O mesmo procedimento, só que não poderá haver repetição dos alunos com olhos vendados. Caso aconteça repetição na hora da escolha, este deverá dizer: "passo pra outro". Na lousa ou parede estarão afixados, com fita crepe, os crachás com o nome de todos do grupo. Quando todos tiverem passado pela experiência de vendar os olhos, o educador irá sugerir que cada aluno procure na lousa o nome do companheiro que cumprimentou. Em seguida, serão formadas duplas com as quais o educador irá realizar as intervenções necessárias para a reflexão da leitura e escrita. Por exemplo:

– Quais as letras iniciais?
– Quantas letras repetidas?
– Colocar as letras em ordem alfabética, etc.

EM CADA MÊS

Objetivos:

Desenvolver habilidades como atenção, concentração, raciocínio lógico, agilidade, localização espaçotemporal, recriação.

Trabalhar a história pessoal de cada um.

O calendário, os meses do ano.

Refletir sobre a leitura e a escrita.

Material:

Fita crepe.

Desenvolvimento:

- Com fita crepe marcar duas linhas, dividindo o campo, delimitando um espaço.
- Os alunos estarão dispostos de um lado do campo.
- O educador indicará um mês do ano e todos os que nasceram naquele mês deverão imediatamente locomover-se para o outro lado da linha.
- Continuar indicando, por exemplo: "os que nasceram até dia 15 de cada mês".
- Neste momento, estes se dirigem para o outro lado da linha e os primeiros retornam. Assim, sucessivamente enquanto houver interesse do grupo.

  Com esta atividade o educador poderá desenvolver conceitos matemáticos dentro das diversas operações, com crianças que se encontram em níveis mais avançados.

Outras possibilidades:

- Poderão ser trabalhados conteúdos como, por exemplo: substantivo.
- Sugerir que trabalhem com as letras iniciais dos nomes dos alunos.
- Ainda trabalhando nomes: os que tiverem o nome com mais de 4 letras, mais de 5, menos de 6, igual a... , etc.
- Pedir, de acordo com o nível de aprendizagem, que façam a construção de um texto falando de si... Qual o seu nome, quando nasceu, onde nasceu, onde mora, etc.
- Com esta atividade o educador poderá também desenvolver conceitos matemáticos dentro das diversas operações.

Sugestão:

O professor poderá usar para esta atividade o calendário de madeira.

O URSO DE OLHOS VENDADOS

Objetivos:

Desenvolver as habilidades motoras, a localização espaçotemporal, recreação e refletir sobre a leitura e escrita.

Material:

Fita crepe, caixas de sapato, caneta, papel para anotar as propostas.

Desenvolvimento:

- Duas ou mais colunas de crianças de acordo com o número de participantes.
- Será feita uma linha no chão e os alunos de olhos vendados deverão, sem sair da linha, caminhar em direção a uma caixa que conterá várias propostas feitas pelo próprio grupo num momento anterior ou pelo educador de acordo com o objetivo do encontro.
- No caso da criança que ainda não tem o domínio da leitura e da escrita as propostas serão escritas e lidas pelo educador que funcionará como escriba e leitor.
- Cada criança deverá realizar a proposta que escolheu.

Outras possibilidades:

- As tarefas poderão ser desenvolvidas de formas alternadas. Uma coluna realizará a tarefa da coluna seguinte.
- As propostas nas caixas podem variar desde atividades motoras, recreativas ou até mesmo dentro dos conteúdos trabalhados.
- À frente da coluna haverá caixas de perguntas e caixas de respostas. O grupo tentará acertar a caixa correspondente (como no jogo da memória).

Caminho para a escola

Objetivo:

Desenvolver noções de localização espacial.

Material:

Tabuletas.

Desenvolvimento:

- A proposta é construir com as crianças seu caminho para a escola. Dispostas em círculos, fazer o levantamento das coisas e locais que veem quando se dirigem para a escola: farmácia, supermercado, praça, prédio, floricultura, sorveteria, pipoqueiro, papelaria, etc. Alguns serão representados no espaço, tentando reproduzir o caminho.
- O trabalho será realizado no grande grupo. Com um papel grande, as crianças representam num determinado local a própria casa.
- Em seguida, irão montando o caminho para a escola com a ajuda da professora, incluindo as outras tabuletas.
- Em duplas, farão o mesmo trabalho, agora com fichas menores, tentando descobrir o que está escrito nas fichas.
- Para crianças já alfabetizadas serão lançados outros tipos de desafios que possibilitem o avanço nas suas hipóteses.

Desafio:

A farmácia é mais distante ou mais próxima da escola? O que é mais próximo? O que é mais distante? A papelaria é mais próxima da floricultura ou da padaria?

O LOBO, AONDE VAI?

Objetivos:

Trabalhar noções de localização espaçotemporal, habilidade motora, percepção, criatividade e noções de sequência. Reflexão sobre a leitura. Raciocínio lógico.

Material:

Giz, dado e uma estória elaborada anteriormente pelo educador.

Desenvolvimento:

- Crianças colocadas em vários pontos da sala ou pátio imitando árvores.
- O facilitador iniciará como o lobo e irá andar entre as árvores realizando uma trajetória contando para as crianças uma história.
- Em sua trajetória ele irá realizar uma sequência que deverá ser imitada pelas crianças.
- A criança escolhida para ser o lobo irá recontar a história à sua maneira, realizando uma nova trajetória para ser imitada pelo restante do grupo.

Outras possibilidades:

- O mesmo procedimento, só que em cada árvore o lobo deverá executar uma determinada tarefa, escolhida pelos próprios participantes ou pelo educador de acordo com o objetivo do dia.
- Trabalhar a mesma história usando os diferentes meios de locomoção.

- Revezar os participantes que serão as árvores.
- Usar um dado para estabelecer a sequência. Exemplo: seis árvores, cada árvore corresponde a um número.
- Cada árvore poderá fazer perguntas que deverão ser respondidas pelo grupo.

Cara metade

Objetivos:

Favorecer a integração, atenção, colaboração e ritmo. Reflexão sobre a leitura e a escrita.

Material:

Cartelas com desenhos cortados pela metade e CD com música alegre.

Desenvolvimento:

- Cada criança receberá uma cartela com desenho recortado ao meio.
- Estes desenhos poderão estar relacionados com o tema do dia trabalhado pelo educador, ou a um texto que foi lido pelo grupo, mesmo que este tenha sido com o auxílio do educador.
- O educador colocará uma música para tornar a atividade mais dinâmica.
- Neste tempo, as crianças deverão procurar a outra metade da cartela.
- O educador deixará um tempo razoável para que os pares se encontrem.
- Ao interromper a música, os pares deverão sentar-se, montar a sua figura e conversar sobre a mesma sempre com a intervenção do educador, quando necessária.
- Em seguida, será solicitado ao grupo que coloque, numa cartela, a letra inicial do desenho apresentado ou a letra final.
- Desafiá-los a tentar escrever a palavra.
- Encontrar no texto a palavra escrita. O professor poderá ter anexado o texto em tamanho grande na sala ou cada dupla ter o seu próprio texto.

O QUE VOCÊ VÊ NESSES SINAIS?

Objetivos:

Desenvolver a atenção, habilidade motora e estratégias de leitura. Reflexão sobre a leitura e a escrita.

Material:

Várias placas: sanitário, lanche, animal, sorvete, proibido fumar, etc.

Desenvolvimento:

- O educador irá mostrar cada uma destas placas, perguntando se sabem o que significam.
- Dividir em grupos e utilizar a frase:
  "Para ir a _____ pegue a placa que usaria."
- Distribuir papeletas com escrita grande e legível pela sala e pedir que o grupo encaixe cada figura em seu lugar.

Outra possibilidade:

Agora o trabalho será realizado em duplas. Cada uma terá as fichas com os sinais e deverá encontrar a figura certa para a ficha.

HANDALVO

Objetivo:

Desenvolver habilidades motoras, atenção, localização espaço-temporal e desenvolvimento do raciocínio lógico.

Material:

Uma bola, alguns bambolês, fichas com números e giz.

Desenvolvimento:

- Os aros deverão ser distribuídos no espaço onde a atividade será realizada. Deverão estar distantes e na parte periférica do lugar determinado.
- Cada aro terá um determinado valor.
- Os alunos estarão divididos em equipes.
- O facilitador lançará a bola para o alto. O aluno que pegá-la poderá passar para outro colega de equipe ou tentar acertar o alvo. A distância mínima será uma "zona de invasão", demarcada com giz.
- Ao acertar o alvo, deverá levar a ficha com o número correspondente para o colecionador da equipe que fará a contagem de pontos, no final do jogo (a ficha retirada deverá ser de reposta).
- A brincadeira continua com novo lançamento feito pelo educador.

Outras possibilidades:

- Construção da tabela com a pontuação do jogo por rodadas.
- Registro do cálculo matemático feito para verificar o vencedor.

- Cálculo da diferença de pontos entre as equipes.
- Com as fichas do jogo, qual o máximo e o mínimo de pontos que poderão ser obtidos em várias rodadas?
- Montar gráfico com os resultados.
- Desenhar movimentos da bola no jogo: linhas retas e curvas.

Para ganhar é só fazer rir!

Objetivos:

Facilitar a socialização. Estimular a criatividade, a atenção, o autocontrole, o autorreconhecimento, a noção de espaço e o raciocínio lógico.

Material:

Bolinhas de papel crepom.

Desenvolvimento:

- Cada participante ganha 5 bolinhas de crepom.
- Encontrando um amigo, deverá parar, e fazer uma careta. Aquele que der risada pagará uma bola de crepom.
- No final da atividade, verificar quem ficou com mais bolinhas e quem ficou com menos.

Outras possibilidades:

Trabalhar as operações:

- Com quantas bolas cada um ficou na mão?
- O educador diz: – Quem ficou com mais que cinco, fica no meu lado direito, menos que 5 no meu lado esquerdo.
- Se juntarmos três colegas, quantas bolinhas teremos juntos?
- Se um dos colegas sair e for para um outro grupo?
- Quantas bolinhas ficaram no grupo de onde o colega saiu?
- Quantas bolinhas ficaram no grupo em que o colega entrou?
- Se perder, registrar todas as problematizações levantadas para serem revistas pelo grupo.

APONTE O QUE VOCÊ VIU...

Objetivos:

Desenvolver agilidade, coordenação global e visuomotora. Esquema corporal, atenção e percepção.

Material:

Nenhum.

Desenvolvimento:

- Em círculo.
- Um aluno iniciará a brincadeira dizendo:
    - "Este é meu nariz" – mas aponta para o umbigo.

    O próximo diz:

    - "Este é meu umbigo" – mas aponta para a orelha, assim sucessivamente até que todos tenham participado.
- Continuar a atividade enquanto o grupo manifestar interesse.

Outra possibilidade:

Apontar a parte do corpo do companheiro da direita ou da esquerda, ao invés de apontar para o próprio corpo.

Barbante maluco

Objetivo:

Estimular a expressão, a criatividade, a coordenação e a memória visual.

Material:

Barbante.

Desenvolvimento:

- Crianças em círculo.
- Cada aluno receberá um barbante pequeno na mão. O tamanho fica a critério do educador.
- Ao sinal, uma criança fará movimentos e as demais a imitarão.
- Deverá ser dada oportunidade para que todas as crianças sejam líderes.

Outras possibilidades:

Deverão ser sugeridas atividades diversas contando com a colaboração dos alunos. Exemplos:

- Um bigode perfeito (barbante no nariz).
- Um rabinho agitado (barbante balançando).
- Duas trancinhas lindinhas (barbantes como cabelo).

Variações:

- Pedir que criem personagens usando o barbante e elaborem uma pequena dramatização.

- Trabalhar no chão a construção de números, letras ou palavras.
- Criar um painel coletivo usando todos os barbantes.
- Falar sobre a produção do grupo.

Carimbeira

Objetivos:

Desenvolver habilidade motora, atenção, agilidade. Reflexão sobre a escrita.

Material:

Uma ou mais bolas.

Desenvolvimento:

- Dividir o grupo em três turmas e o espaço em 3 campos.
- Uma turma ficará na posição central, intitulado carimbeiro.
- A bola ficará de posse da turma que ganhar no "dois ou um".
- Ao sinal, quem estiver de posse da bola tentará acertar a turma que estiver mais próxima. Quem for "carimbado" deverá sentar-se nas laterais do campo. Quem conseguir pegar a bola, em vez de ser carimbado, poderá salvar um colega que esteja sentado. A equipe que errar ao tentar carimbar troca de lugar com a equipe do meio.

Desafio:

Se a idade dos participantes for mais que 8 anos, usar até 2 bolas no jogo.

Outras possibilidades:

- Escrever a regra básica do jogo.

- Fazer uma lista tríplice com os nomes das turmas que iniciarão a partida.
- Destacar os nomes dos alunos que conseguiram não ser carimbados durante o jogo.
- Fazer comparação ou equivalência das normas deste jogo como a "queimada".

ESCONDENDO O APITO

Objetivo:

Favorecer a descontração e desenvolver a concentração e a atenção.

Material:

Um apito.

Desenvolvimento:

- Alunos colocados em círculo.
- Um aluno é escolhido para sair da sala.
- Outro para ser o apito escondido.
- Quando o primeiro voltar, deverá adivinhar com quem está o apito.
- Quem estiver com o apito deverá tentar apitar enquanto o aluno do centro estiver distraído.
- O grupo irá imitar o apito, tentando distraí-lo para que ele não adivinhe.

PERSEGUIÇÃO EM ALTO-MAR

Objetivos:

Facilitar a descontração, atenção, cooperação, agilidade e a orientação espaçotemporal.

Material:

Nenhum.

Desenvolvimento:

- Os alunos serão dispostos em colunas de seis.
- Um aluno será escolhido para ser o tubarão que pegará o peixinho. Deverão estar seguros pela cintura sem se soltarem.
- Ao sinal do educador o aluno em destaque deverá pegar o último da fileira que, ao ser pego, tomará o lugar do pegador e este irá para o primeiro lugar da coluna.

Socializar:

- Como foi a colaboração?
- Todos respeitaram as regras?

ATAQUE? DEFESA?

Objetivo:

Desenvolver as habilidades motoras, atenção e raciocínio lógico.

Material:

Uma bola ou mais, fita crepe ou giz.

Desenvolvimento:

- Traçar um quadrado delimitando o espaço.
- Formar dois grupos. Um grupo fica fora do espaço delimitado, outro dentro.
- A bola ficará com o grupo de fora do quadrado que tentará atacar lançando a bola nos elementos do grupo de dentro.

    Regra n° 1: só poderá ser usada uma mão para lançar a bola.

    Regra n° 2: o mesmo elemento que pegou a bola deverá lançá-la, sem ceder a outro companheiro.

    Regra n° 3: em volta do quadrado existirá uma zona de perigo que não pode ser usada pelos elementos de fora.

Intervenção:

O facilitador deve estar atento à contagem. Quantos jogadores foram acertados? Quantos pontos foram marcados? Em quanto tempo? Pouco ou muito?

Desafio:

Com crianças maiores usar mais de uma bola.

Socializar: Quais os jogadores que não foram tocados? É maior ou menor o número dos que foram tocados?

Outras possibilidades:

- Quem foi tocado senta e permanece sentado.
- Se pegar a bola caída no chão, volta a jogar.
- Toda vez que a equipe joga a bola e não acerta ninguém, trocam-se as posições.
- Se o jogador do centro segura a bola com a mão, as equipes trocam de lugar ou a troca é feita somente com o arremessador.
- Apenas um elemento fica do lado de fora tentando tocar os companheiros. Quem for tocado ajuda o de fora saindo do quadrado.

Onde está o sobrevivente?

Objetivos:

Trabalhar habilidades motoras e atenção. Desenvolver o raciocínio lógico. Refletir sobre a leitura e a escrita de nomes.

Material:

Uma bola.

Desenvolvimento:

- Só um elemento do grupo é escolhido para ser o atirador.
- Ao sinal, todos deverão correr fugindo de atingidos pela bola.
- Ao serem atingidos, passam a ser atiradores, até que fique apenas um elemento sobrevivente.

Outras possibilidades:

- O elemento em que a bola acertar deverá ficar imóvel ou sentar-se no chão. No lugar da bola, pode ser usado um tecido para ser lançado.
- Fazer uma lista de todo material que pode ser usado numa aula de Educação Física.
- Fazer um confronto de listas de nomes (duas listas). Quais nomes pertencem àquele grupo?
- Fazer uma lista por ordem: meninos e meninas.
- Separar os alunos que inicialmente serão atiradores.
- Como serão divididas as equipes?

- Quantos alunos farão parte de cada uma?
- Ao serem divididos, sobrará algum?
- Ficaram mais ou menos alunos nas equipes? Qual equipe perdeu mais alunos? Qual das equipes perdeu primeiro?

Produções escritas:

- Cuidados com o corpo. Uso do calçado adequado para fazer o jogo, para cuidar na corrida, no desempenho, na queda.
- Cuidado ao atirar a bola para não machucar o companheiro.
- Postura para lançar a bola. Como lançar a bola? Onde colocar a força para fazer o lançamento?
- Alimentos bons. Por que comer frutas, verduras, leite... Comer diversificado?
- Gostar de alimentos nutritivos.
- A função do açúcar: energia (não só da cana, como das frutas, do leite).
- Povos desde os mais primitivos já faziam jogos de competição.
- Os animais usam o jogo da sedução para conquistar as fêmeas ou se defendem e se destroem para sobrevivência – os mais fortes.
- Por que o jogo se chama: o sobrevivente? O que é ser sobrevivente nos dias de hoje?
- Que área (medida) será ocupada para o jogo?
- Até onde poderá ser lançada a bola?
- Trabalhar a medida que será respeitada para o lançamento.

Derrubando obstáculos

Objetivos:

Habilidade motora, trabalho em equipe, interação, localização espacial, coordenação, percepção visuomanual e raciocínio lógico. Reflexão sobre a leitura e a escrita.

Material:

Garrafas plásticas e uma bola.

Desenvolvimento:

- Duas equipes. Cada equipe terá um número de obstáculos dentro do gol (garrafas plásticas).
- O objetivo do jogo é derrubar os obstáculos da outra equipe.

  Regra nº 1: não entrar na área delimitada para o gol, na hora de arremessar.

  Regra nº 2: arremessar a bola ao gol, apenas com uma mão.

  Regra nº 3: a equipe que arrancar a bola à força da mão do companheiro perde a posse da bola.

Outras possibilidades:

- Escrever com o grupo as regras do jogo. Afixar em um local visível.
- Descrever como vai ser o jogo. Para que jogar? O que queremos conseguir?

- Em que espaço será jogado? A que distância ficará uma equipe da outra? Que tamanho terá o campo? Quantos passos serão contados para separar uma equipe da outra?
- Quanto valerá a derrubada do obstáculo? A que distância será jogada a bola?
- Cuidados ao arremessar a bola. Cuidados para não derrubar o amigo. Postura para arremessar a bola para não se contundir.
- Quantas equipes serão formadas? O número precisa ser igual? Que alunos ficarão na reserva? Quantos alunos? Quantas equipes? Quantas reservas?
- Todos os alunos juntos. Quantos obstáculos serão usados? O mesmo número que os alunos de cada equipe? Menor que o número de alunos? Maior que o número de alunos? Mais que 10 obstáculos? Menos que 20 obstáculos? Quantos obstáculos cada aluno poderá derrubar? Um obstáculo só? Ou mais? Quem derruba mais salva a equipe?
- Quantos pontos farão cada equipe que derrubar um obstáculo?
- Como cortar as garrafas? Ao decorá-las, que cor será usada? Como serão as garrafas? Enfeitar o quadro de regras como um painel.

Quatro Gols

Objetivos:

Desenvolver a autonomia, por meio da organização e troca de função. O rodízio possibilita a interação entre os participantes. Trabalhar coordenação motora, atenção, agilidade, rapidez de raciocínio.

Material:

Uma bola.

Desenvolvimento:

- Quatro gols, quatro goleiros, um juiz (que serão distribuídos em duas equipes).
- Uma criança será escolhida para ser juiz.
- Ao sinal, as equipes poderão acertar qualquer um dos gols. Cada gol corresponde a um ponto.

Outras possibilidades:

- No lugar de duas equipes, poderão ser estabelecidas quatro equipes com número menor de crianças.
- Pode-se convencionar a troca dos jogadores com o goleiro. Ao final do tempo estipulado, depois que todos os participantes vivenciaram a atividade, somam-se os pontos de cada aluno; nesta atividade cada jogador é uma equipe.
- Cada gol conterá caixinhas ou latinhas numeradas com propostas de conteúdos ou perguntas que deverão ser respondidas ou refletidas no momento intitulado "de volta ao bate-papo."

- Para Educação Infantil, usar símbolos como casa, árvore e flor. Toda vez que a criança fizer um gol naquele símbolo, recebe o mesmo em miniatura acumulando pontos para o final da atividade. Cada figura terá uma caixa correspondente com propostas de atividades. A figura que aparecer em maior número é a atividade que deverá ser desenvolvida por todo grupo ou pela própria equipe.

CHUTE AOS CANTOS

Objetivos:

Facilitar a integração, a socialização, a recreação. Desenvolver o raciocínio lógico, habilidades motoras e trabalhar as habilidades de leitura, com textos que saibam de cor.

Material:

Quatro cartazes contendo números, uma bola, ou jornal amassado representando uma bola.

Desenvolvimento:

• Ao sinal, o facilitador lançará a bola para o alto e os participantes, que estarão divididos em dois grupos deverão chutar a bola em direção aos cantos, onde estarão os cartazes com os números.

• Conforme forem acertando, o facilitador deverá ir anotando num painel para, depois de um tempo determinado, analisar com os alunos o resultado.

    – Quantas vezes cada grupo acertou?

    – Quantos pontos no total fizeram as equipes juntas?

    – Quem fez menos pontos?

    – Qual a diferença de pontos entre uma equipe e outra?

    – Quais os números pares que apareceram?

    – Quais os números ímpares?

    – O número de pontos que a equipe fez é maior ou menor que o número de alunos?

    – Maior que o número de meninos? E o de meninas?

Outras possibilidades:

- Nos cantos estarão contidas numa caixa, letras que serão tiradas por um elemento cada vez que a bola cair num determinado canto. Os participantes deverão formar palavras com as letras que conseguiram, podendo emprestar ou trocar com o outro grupo, trabalhando o domínio do código e ao mesmo tempo a interação.
- No lugar de letras pode ser colocada palavra de um determinado texto escolhido previamente pelo educador e de preferência textos que as crianças já tenham visto como, por exemplo, uma parlenda, música ou poesia, colocando como desafio sua remontagem.
- A atividade pode ser trabalhada em sala, usando as mãos ao invés dos pés.

Mais um animalzinho

Objetivos:

Trabalhar habilidades motoras, imitação, criatividade, localização espaçotemporal. Reflexão sobre a leitura e a escrita.

Material:

Diversos, que poderão servir de complemento para formar um animal e música que fale sobre os animais.

Desenvolvimento:

- As crianças farão um círculo.
- O educador solicitará que as mesmas pensem num animal.
- Em seguida determina quem irá iniciar.
- A primeira criança deverá imitar um animal, sem realizar nenhum ruído.
- A seguinte deverá imitar a primeira e acrescentar características de seu animal e assim sucessivamente.

Outras possibilidades:

- Solicitar às crianças que imitem o animal com ruído.
- Cada criança imita seu animal e o grupo repete.
- Os bichos na floresta, todos ao mesmo tempo imitam seu animal predileto.
- Ao imitar os animais pedir que a criança coloque a letra inicial num papel, no quadro ou no chão, com giz. Em seguida o educador escreverá no papel pardo o nome de todos os animais que ficará exposto na parede. Na frente do animal, colocar o nome da criança que o imitou, sempre com a participação das crianças.

– Fazer o mesmo em cartela, recortando o animal separado do nome da criança. Colocar os cartões sobre uma mesa ou no centro de um círculo. Solicitar que cada criança pegue seu animal escolhido. O educador irá ver se a criança acertou fazendo a intervenção necessária.

- Ainda: Que letras iguais existem nas duas cartelas?
- Quantas letras tem o nome do animal?

  Quantas letras tem o nome da criança?
- Introduzir uma música que fale dos animais.

  – Procurar figuras referentes ao seu animal escolhido, recortar.

  – Num grande painel pedir que as crianças montem uma floresta com todos os animais. (Produção de um cartaz.)

  – Usar técnicas de pinturas diversificadas. Abordar temas como:

  – Reciclagem.

  – Meio ambiente.

  – Tipos de solo.
- Separar animais iguais e diferentes.

  – Quantos iguais?

  – Que animal repetiu várias vezes?

  – Quantas vezes?

  – Tentar fazer um gráfico com as crianças.

Observação:

No final, elaborar um texto coletivo com as crianças.

Montar um pequeno teatro. Confeccionar as fantasias.

Apresentar para uma outra turma.

- Trabalhando valores:

  – Falar da diversidade, da diferença, do respeito ao meio ambiente, da cidadania.

  – A importância de aprender a conviver e a respeitar as diversas manifestações de vida.

Basquete humano

Objetivos:

Trabalhar as habilidades motoras, recreação, raciocínio lógico-matemático. Favorecer o trabalho coletivo, refletir sobre a leitura e a escrita produzindo um texto.

Material:

Duas cadeiras ou bancos e uma bola.

Desenvolvimento:

- Dividir o grupo em duas equipes.
- Dois alunos serão escolhidos para ficarem sobre as cadeiras e receber a bola do seu grupo.
- O objetivo é entregar a bola para o elemento que está sobre a cadeira.
- O grupo adversário tentará impedir. Cada vez que a bola é entregue a este elemento, a equipe ganha um ponto.
- Delimitar uma zona de proteção para que o aluno que receber a bola não corra o risco de cair.

Outras possibilidades:

- Pode haver mais que duas equipes simultaneamente.
- O aluno que lançou a bola poderá trocar de lugar com o que recebeu.
- De acordo com o número de pontos feitos pelo grupo, deverão escolher o número de palavras, anotando num papel. As pala-

vras poderão ser livres ou o educador poderá dar o tema se tiver algum objetivo. As crianças deverão fazer uma lista e, a partir das duas listas, um texto coletivo.

BARBANTE EM CÍRCULO

Objetivos:

Estimular o trabalho em grupo. Desenvolver noções de classificação, seriação, forma e tamanho. Estimular a criatividade e a coordenação motora. Refletir sobre a leitura e a escrita.

Material:

Pedaços de barbante de diferentes tamanhos para todos os participantes, folha de papel colorido e giz de cera.

Desenvolvimento:

- Entregar pedaços de barbante para cada participante pedindo-lhes que comparem primeiro o tamanho dos barbantes.
- Em seguida, solicitar que, com os barbantes, cada um forme círculos colocando um em cada folha.
- Os participantes deverão:
  - Pintar cada círculo formado pelo barbante usando a cor que desejarem.
  - Juntar os círculos e seriar por tamanho.
  - Agrupar iguais e diferentes.

Outras possibilidades:

- Reconhecer a forma no ambiente em que estão.
- Usar só cor primária ou só secundária.
- Propor a execução de outra figura.

- Solicitar que recortem em volta do círculo e construam personagens ou objetos interessantes.
- A partir dos personagens ou objetos construídos, dar nome e características.
- Organizar uma lista desses nomes/características.
- Motivar a construção de frases e posteriormente pequenos textos.
- Criar uma história com personagens e dramatizá-la.
- Dentro de cada círculo representar um tipo de ambiente: construído, natural, etc., trabalhando o meio ambiente.
- Cada círculo representa um espaço: escola, casa, farmácia, etc.
- Solicitar que digam/escrevam/representem o caminho que realizam para chegar de um local ao outro:
    - Por onde você passa?
    - Precisa de transporte?
    - Que transporte utiliza?
    - Qual a distância?
    - De quanto tempo precisa?

Fuja da cor

Objetivos:

Desenvolver habilidades motoras, localização espaçotemporal, socialização, interação, observação, concentração, recreação e conceito de cor.

Material:

Papel crepom, tesoura, TNT, cola branca, cola quente e sulfite.

Desenvolvimento:

- O educador propõe a atividade explicando na roda de conversa.
- Cada criança receberá uma tira colorida e a amarrará no pulso com a ajuda do educador ou de um colega.
- O educador dirá uma cor.
- Os que estiverem com as tiras da cor proposta deverão ser os pegadores. Os demais deverão correr para não serem pegos. Ao serem pegos, sentarão no círculo correspondente à sua cor que estará representado no chão com o TNT colorido.
- A brincadeira continua até que todos sejam pegos.

Outras possibilidades:

- Quantos foram pegos de cada cor?
- Que cor tem maior número de alunos pegos? E menor número?
- Noções de agrupamento: agrupar, por exemplo, amarelo e vermelho.
- Noção de quantidade, cores, figuras geométricas, operações.

- No lugar das cores, trabalhar nomes das crianças ou a letra inicial do nome.
- Preparar o material para a atividade: recortar as tiras de papel crepom, recortar e montar os círculos para sentar dentro e fazer colagem das figuras.

Socializar:

- Gostaram da atividade?
- Querem repetir?
- Se não gostaram, por quê?
- Lembram o nome da atividade?
- Quem está cansado? (quem se cansou, por que será?)
- Quem foi mais longe?

Acertando o gol

Objetivos:

Desenvolver o raciocínio lógico, as habilidades motoras. Reflexão sobre a escrita.

Material:

Uma bola e 4 balizas para demarcar o gol.

Desenvolvimento:

- Organizar duas equipes.
- O objetivo é fazer o gol usando os pés.
- Os jogadores deverão lançar a bola uns para os outros.
- Se, enquanto estiver de posse da bola, um jogador da equipe contrária tocá-lo, este jogador deverá ir para dentro do gol, estando impossibilitado de continuar a jogar e retornando apenas quando a sua equipe executar um gol.

Outras possibilidades:

- Descrever o jogo, desenhar as balizas e escrever o nome dos jogadores.
- Contar os jogadores participantes de cada equipe: quantos jogadores ficaram dentro do gol da direita; quantos jogadores ficaram no gol da esquerda.
- Em que equipe foram executados mais gols? Confere com o número de jogadores?

- Quantos jogadores ficarão de fora e não poderão participar da partida?
- Quantos farão parte da equipe?
- Como surgiu o jogo de futebol?
- Quantos jogadores fazem parte de uma equipe?
- O que há de semelhante entre um jogo de futebol e este? Qual é a principal diferença entre eles?
- Quando se realiza um jogo de futebol?
- Quanto mede e que tipo de piso é usado nesse jogo?
- Quais distâncias existem entre: grande área, pequena área, centro, gol, balizas?
- Esse jogo é realizado no mesmo tipo de campo?
- É necessária a divisão de áreas?
- Onde se pode realizar o jogo? É necessária uma área tão ampla? Tão grande como o futebol?

Acordando o corpo

Objetivos:

Despertar o grupo para a atividade, resgatando o interesse e a animação. Trabalhar ritmo, esquema corporal e habilidade motora.

Material:

O próprio corpo.

Desenvolvimento:

O educador deverá colocar o grupo em círculo cantando em ritmo de *rap*:

"Acorda, acorda, acorda corpo (bater nas pernas).

Acorda, acorda, acorda já.

Seja muito esperto e muito atento.

Bata no(a) _____ e vamos dançar (braço, perna, cabeça etc.).

Acorda, acorda, acorda, hei!

Pulando, pulando sem parar (rodando, dançando, coçando...)."

Outras possibilidades:

- Sugerir que acordem o corpo do companheiro da direita, depois da esquerda.
- Cantando, caminhar pelo espaço disponível. Ao mencionar a palavra "atento" deverão parar imediatamente e tocar a parte solicitada do corpo do companheiro mais próximo, realizando o restante da música junto com este companheiro. Ao reiniciar a música, voltar a caminhar.

Fazendo bruxaria

Objetivo:

Trabalhar voz, entonação e expressão corporal.

Material:

Nenhum.

Desenvolvimento:

- Três grupos de crianças ou mais:

  1º grupo – serão velhos e irão dizer as palavras: – Rubão tem fantasma no porão!

  2º grupo – serão bruxas e irão dizer: – Vou te transformar num tomate.

  3º grupo – serão crianças e irão dizer: – Compra, mãe, compra...

- O educador poderá depois solicitar outras frases e fazer rodízio nos grupos. Ao dizerem as frases irão manifestar com o corpo o sentimento vivenciado.

  Importante atividade que permite às crianças explorar vários sentimentos: tristeza, alegria, medo, liberdade, sussurro, etc.

Outras possibilidades:

Expressão destes mesmos sentimentos:

- Por meio de gestos.
- Como uma propaganda.
- Como uma canção de *rock* (ou outro ritmo).

Acertar o ponto

Objetivos:

Desenvolver habilidades motoras, noção de espaço e tempo, atenção, direção, recreação. Reflexão sobre a leitura e a escrita.

Material:

Montar com papelão uma pista que contenha 3 orifícios. Uma bola de tênis, palitos, tampinhas ou cartelas.

Desenvolvimento:

- Grupos de seis alunos.
- Cada aluno jogará a bola, tentando acertar um dos orifícios.
- O objetivo é tentar acertar um dos orifícios, marcando pontos ou acertando letras, quando o objetivo for trabalhar o alfabeto como domínio do código.

Outras possibilidades:

Colocar em cada orifício:

- Números para contagem dos pontos.
- Letras A-B-C – cada orifício correspondente a cada letra que terá um envelope contendo propostas de: leitura, escrita ou recreação.

Variação: jogo de dardos

- Acertar determinado ponto do alvo. Somar no caso dos números, ou associar a letra à proposta de leitura: para Educação Infantil: ler a palavrinha correspondente à letra A, ou B ou C que se encontrará num texto usado anteriormente pelo educador.

- Trabalhando com as cores, com crianças pequenas, pedir que ela encontre na brinquedoteca um objeto da mesma cor.
- Dependendo do tema que está sendo trabalhado. Exemplo: Em ciências, a letra acertada pode ser atrelada a questões do conteúdo.
- Num jogo de mímica, quem acerta deve fazer a mímica referente:
    - A – animais.
    - B – profissões.
    - C – esporte, etc.

Correio

Objetivos:

Desenvolver noções de localização espacial, noção de tempo, atenção, agilidade, criatividade e raciocínio lógico. Reflexão sobre a leitura e a escrita.

Material:

Envelopes.

Desenvolvimento:

- Dividir a turma por tema: por exemplo, cidades.
- O educador dirá: – Mandei uma correspondência da cidade X para a cidade XX.
- Durante este trajeto a criança da cidade X deverá chegar à cidade XX, sendo confundida pelas demais cidades.

  Desafio: aumentar a trajetória, aumentado o número de cidades.

Outras possibilidades:

- Cada cidade receberá uma quantidade de horas (numa cartela).
- Ao realizar o trajeto deverá ir anotando ou coletando as cartelas para saber quanto tempo sua viagem demorou. Quem demorou mais ou demorou menos. A diferença de tempo entre as cidades.
- Também poderão ter cartelas com os nomes dessas cidades, para saberem por quantas cidades passaram.

- Dando um nome lúdico para cada cidade pedir que a criança, no final, conte uma história sobre as cidades por onde passou. Pedir que imagine o que encontrou, relatando oralmente.
- Pedir (no caso das mais avançadas) que reescrevam a história mais interessante, por meio do trabalho coletivo.

O QUE EU SEI SOBRE TRÂNSITO?

Objetivos:

Desenvolver as habilidades motoras, criatividade, atenção, observação, localização espacial. Trabalhar estratégias de leitura.

Material:

Placas de trânsito.

Desenvolvimento:

- Distribuir num espaço de forma bastante dispersa várias placas de trânsito.
- No seu caminho para a escola...
    - Que placas de trânsito aparecem? (Deixar que as crianças selecionem.)
    - O que significa cada uma delas. (Tempo para que as crianças falem.)
    - Quais os cuidados que devemos tomar para atravessar a rua?
    - Pedir que desenhem a placa referente a: _____ (sugerir 2 ou 3).
- Deixar que as crianças falem mais detalhadamente:
    - Quais as cores do semáforo?
    - O que significa cada uma delas?
    - Vamos brincar?
- O educador propõe a atividade para ser realizada por todo o grupo. Uns serão pedestres, outros as faixas de pedestres, outros

os carros, outros as placas de sinalização, outros o semáforo. Cada aluno tentará caracterizar-se de forma criativa. O educador irá construir uma história e, à medida que for contando, o grupo irá interpretando.

Outra possibilidade:

Pedir que as crianças recontem a história ou montem uma história diferente.

Para onde ir?

Objetivos:

Trabalhar habilidades motoras, percepção visual e auditiva, localização espacial e sequência. Refletir sobre a leitura e a escrita.

Material:

Figuras diversas construídas pelo facilitador ou objetos disponíveis distribuídos pelo espaço.

Desenvolvimento:

- Distribuir os objetos pelo espaço.
- O educador usará os objetos apresentando uma sequência: os participantes deverão reproduzi-la (cada objeto deverá ser utilizado na mesma ordem do exemplo dado).
- Escolher um participante que deverá apresentar uma sequência aos demais.
- Dividir a turma em dois grupos: um grupo irá elaborar a sequência e o outro reproduzirá a mesma. Inverter posição.

Outras possibilidades:

- Usar os objetos como "lugares" a serem visitados.
- Em trios, cada um apresenta aos outros dois participantes um caminho a ser seguido, alternando as lideranças.
- Construir uma história onde os participantes deverão visitar os diversos lugares. O desafio é ir aumentando o número de lugares que deverão ser visitados.

- Propor alguns lugares para serem visitados e em seguida repetir o passeio com os olhos vendados.
- O facilitador deverá apenas verbalizar os lugares que os participantes deverão visitar sem demonstrar, e os mesmos deverão executar o passeio.
- No lugar do educador deixar que um dos participantes oriente, alternando-os.
- No trabalho com listas, por exemplo: de frutas (ou outra), elencar as palavras em um papel pardo com os participantes. Depois repeti-las em papeletas pedindo que visitem os lugares das frutas de acordo com a sequência do papel pardo.
- Visitar os diversos lugares de formas diferentes: saltitando, lentamente, de costas, de cócoras, ligeirinho, etc.
- Em cada parada, o participante realiza um movimento com bola de borracha, aro, bastão, ou outro elemento. Exemplo, aro: lançar, balancear; bola: quicar, rolar, lançar; bastão: em cima, embaixo, etc.

PESCANDO

Objetivos:

Desenvolver noções de dentro/fora, classificação e quantidade. Estimular a criatividade, desenvolver a atenção e favorecer a interação.

Material:

Uma folha de papel pardo, papel dobradura de diversas cores e canudinhos de refrigerante.

Desenvolvimento:

- Pode-se trabalhar o grupo todo junto ou formar grupos de quatro.
- Confeccionar um lago e pintar usando papel pardo. Em seguida cada um confecciona seu peixinho.
- Cada participante receberá um canudinho de cor diferente da cor do seu peixinho. Ao sinal deverão pescar, sugando o peixinho com o canudinho. Determinar tempo ou até que terminem os peixes.
- Ao final da atividade fazer a contagem dos peixinhos.
  - Quantos peixes de cada cor?
  - Agrupando um peixe de cada cor, quantos sobraram?
  - Agrupar cores iguais. Quantos grupos formaram?
  - Quantos peixes tem cada grupo?

Outras possibilidades:

- Com o grupo todo construir um grande lago. Dividir a turma em colunas e, quando sugarem os peixes, independentemente da cor, deverão levar a um tanque-reservatório. Qual grupo pescou o maior número de peixes?

- Abordar o tema da poluição dos rios, falar sobre a formação das águas, etc.
- Os primeiros moradores de uma cidade sempre se localizaram perto de um rio. Por quê?
- Falar sobre as nascentes. Mostrar vídeo e usar livros paradidáticos.
- Desenvolver o tema das profissões relacionadas. Exemplo: barqueiros e pescadores.
- Trabalhar textos: música ou poesia relativas ao tema.
- Produzir frases, versos ou pequenos textos, coletivos ou individuais.
- Realizar leituras contextualizadas, que falem sobre os rios da região.
- Fazer uma pesquisa sobre nomes indígenas de rios e seus significados.

PULA E PULA

Objetivos:

Desenvolver a capacidade de realizar movimentos em série, habilidades motoras, percepção visual.

Material:

Uma corda de mais ou menos 3 metros.

Desenvolvimento:

- Dois participantes são escolhidos para segurar a corda.
- Na primeira vez o facilitador direciona a atividade dizendo em qual sequência deverá ser realizada. Em seguida um outro participante coordena a atividade. Exemplo:
  - pular duas vezes e dar uma volta.
  - pular, abaixar e pular em um pé só.
  - pular batendo palmas.

Observação:

Com crianças pequenas, antes de pular a corda com outras crianças, elaborar movimentos com a corda no chão, saltando, caminhando, etc.

Outras possibilidades:

- Realizar a sequência de 3 movimentos e pedir que as crianças a executem.

- Deixar que as crianças proponham outros movimentos.
- Trabalhar até que haja interesse das crianças na atividade.
- Com a corda no chão, de forma irregular, trabalhar formas "diferentes" de saltar.

Até no escuro

Objetivo:

Trabalhar percepção visual, criatividade e coordenação motora.

Material:

Os próprios participantes, bola ou outro elemento.

Desenvolvimento:

- Colocar os participantes em círculo.
- Indicar um participante para iniciar a atividade. Este deverá realizar um movimento, por exemplo, estender o braço à frente; o segundo deverá realizar este movimento e acrescentar mais um, assim sucessivamente até chegar ao último participante.

Observação:

O educador poderá juntar um outro elemento, como, por exemplo, uma bola ou qualquer outro objeto e realizar os movimentos usando os objetos.

Outras possibilidades:

- Com crianças pequenas realizar apenas uma sequência de quatro movimentos, recomeçando no próximo.
- Os movimentos dos membros poderão ser intercalados com movimentos do corpo inteiro.

- O facilitador realiza um movimento, repete com os participantes e os mesmos deverão realizá-lo novamente agora com os olhos fechados.
- Movimentar os membros, intercalados com posição estátua e, em seguida, com o corpo inteiro.

EXPERIMENTANDO E CONSTRUINDO

Objetivos:

Desenvolver noção de espaço, da proporção de pessoas em relação às coisas (transferência de conceitos espaciais). Expressão corporal, percepção visual.

Material:

Uma mesa pequena, um caixote ou outro elemento disponível no ambiente.

Desenvolvimento:

Solicitar que a criança realize dois ou mais movimentos com o seu corpo em relação ao objeto. Ex.: dar a volta nele/passar sobre ele/passar sob ele.

Outras possibilidades:

- Pedir que agreguem outros movimentos a este, realizando a mesma coisa nos diversos elementos disponíveis no mesmo espaço utilizado previamente, pensado pelo educador.
- A atividade poderá ser realizada em grupo, possibilitando que várias crianças a realizem ao mesmo tempo.

Perseguir o guarda

Objetivo:

Desenvolver coordenação global, localização espacial e esquema corporal.

Material:

Um aro e uma bola.

Desenvolvimento:

- Crianças em círculo.
- Uma delas fica no centro com o aro (bambolê).
- Ao sinal, uma outra criança arremessa a bola para algum companheiro e foge fora do círculo.
- O jogador que recebeu a bola tem que devolvê-la no centro para o aluno com o bambolê e em seguida perseguir o guarda, que tentará tocar a bola sem ser pego.
- Caso consiga, continua como guarda. Se for tocado antes, troca com a criança do centro.

Outra possibilidade:

Incluir mais dois aros e duas bolas, aumentando o desafio do grupo.

Bastonando argolas

Objetivo:

Desenvolver a coordenação visuomanual e habilidades motoras.

Material:

Bastão e argolas pequenas.

Desenvolvimento:

- Alunos em duplas, um receberá um minibastão, o outro uma argola. O objetivo é acertar a argola no bastão.
- Cada um terá duas tentativas, passando a vez para o companheiro.

  Para aumentar o desafio, aumentar a distância.

Outras possibilidades:

- Solicitar outras formas de acertar o bastão, de costas, por exemplo.
- Confeccionar o bastão de jornal e a argola de papel-cartão.
- Dividir em grupos, com números diferentes de alunos. Formar colunas. Cada argola acertada no bastão contará um ponto para a equipe.

SINOBOLA

Objetivo:

Desenvolver a atenção, coordenação, percepção visuomanual e recreação.

Material:

Um sino e uma bola.

Desenvolvimento:

- Será colocado um sino num lugar em evidência.
- A turma será dividida em dois ou mais grupos.
- Quando o educador der o sinal para começar a atividade, lançará a bola para o alto.
- A criança que a pegar jogará imediatamente para o sino, tentando acertá-lo.
- Toda vez que acertar o sino, a criança terá seu ponto marcado numa tabela.

Outras possibilidades:

- Para aumentar o desafio da atividade, as crianças irão elaborando regras, como, por exemplo: só poderá acertar no sino depois que a bola passar por 3 jogadores no mínimo.
- Ou ainda, todos os jogadores estarão sentados, só poderão levantar-se quando a bola sair da mão do educador.

TODA VEZ QUE...

Objetivo:

Estimular a imaginação, a criatividade e a rapidez de raciocínio.

Material:

Bola.

Desenvolvimento:

- O educador ou uma criança lançará uma bola para o alto.
- Toda vez que a bola cair batendo no chão, o grupo imediatamente deverá correr.
- O educador pegará a bola e tentará acertar uma das crianças que tomará o seu lugar quando for atingida.

Outras possibilidades:

- Ao lançar a bola, poderá dizer uma determinada letra. Os que tiverem o nome com esta letra inicial deverão correr e os demais sentar-se.
- Ao lançar a bola, cantar um número e os alunos deverão montar o grupo, correndo de mãos dadas.

Voleichuá

Objetivos:

Favorecer a descontração. Desenvolver a coordenação motora, atenção, cooperação, respeito e noção de espaço.

Material:

Várias bexigas com água. Uma corda imitando rede.

Desenvolvimento:

- Dois grupos, separados pela corda.
- Os alunos deverão lançar a bola entre si e em seguida para o grupo do outro lado. Toda vez que a bexiga cair no chão e estourar os jogadores imediatamente deverão trocar de campo.

Outras possibilidades:

- Para aumentar o desafio: As crianças deverão se posicionar exatamente na mesma posição do campo anterior, podendo o educador demarcar cada espaço com um círculo e um número.
- No lugar dos números poderão constar envelopes com desafios que deverão ser executados por todo o grupo, caso alguma criança deixe a bexiga cair no chão.

Construindo o livro das letras

Objetivos:

Desenvolver a coordenação motora, criatividade. Reflexão sobre a leitura e a escrita.

Material:

Folha sulfite, revista, tesoura e cola.

Desenvolvimento:

- Distribuir a cada criança revistas.
- Pedir que cada criança recorte objetos que usa em casa, por exemplo: na cozinha, no jardim, etc. Vários, tantos quantos encontrarem no tempo disponibilizado.
- Dividir a turma em duplas ou em grupos.
- Pedir que organizem um livro das letras, colando em cada página uma figura.
  - Colocar a letra inicial de cada objeto.
  - Desafiar o grupo a conseguir escrever as palavras.
- Durante a confecção do livro o educador irá fazendo as intervenções necessárias para auxiliar a criança, ajudando-a a superar as dificuldades, avançando nas hipóteses da escrita.

Outras possibilidades:

Pedir para que:
  - reflitam a utilidade daquele objeto;

– construam uma propaganda para vender este objeto;
– organizem uma exposição dos livros da qual toda a turma irá participar.

Fazendo letras

Objetivos:

Trabalhar habilidades motoras, percepção e raciocínio lógico. Reflexão sobre a leitura e a escrita.

Material:

O próprio corpo da criança e um texto previamente trabalhado e conhecido da turma.

Desenvolvimento:

- Em grupos, as crianças traçam uma letra indicada pelo professor com o próprio corpo.
- Ao terminarem a montagem, as crianças dizem palavras iniciadas com a letra formada que estejam inseridas nos textos que trabalharam.

Outras possibilidades:

- Formar números, palavras.
- Para início de alfabetização, fazer uso de: listas, parlendas, pequenos versos (conhecidos de cor).

TÊNIS DE CORPO INTEIRO

Objetivo:

Desenvolver habilidade motora, atenção, localização espacial, integração e recreação.

Material:

Uma corda e uma bola.

Desenvolvimento:

- Dividir o espaço ao meio com a corda, simulando uma quadra de tênis.
- Montar dois grupos com número igual de alunos.

  Regra nº 1: a bola será jogada com a cabeça, o pé ou peito.

  Regra nº 2: deverá tocar uma vez no campo de quem está lançando e só depois lançada para outro campo.

  Regra nº 3: não poderá tocar a corda.

  Regra nº 4: a bola só poderá tocar no campo três vezes.

  Regra nº 5: a bola será colocada em jogo sempre pelo fundo da quadra.

  Regra nº 6: o ponto é marcado quando não se conseguir devolver a bola para o campo contrário.

  Regra nº 7: a bola que ultrapassar as linhas laterais e as do fundo não será válida.

LETRAS EM CARTELAS

Objetivos:

Refletir sobre a leitura e a escrita. Trabalhar o domínio do código, a partir de textos ou músicas que sabem de cor. Desenvolver a criatividade.

Material:

Papel-cartão, alfabeto em tamanho grande, papel sulfite, lápis e alfabeto pequeno dentro de uma caixa para sorteio.

Desenvolvimento:

- Crianças em círculo.
- Usar a caixa do alfabeto pequeno.
- Sortear uma letra, usando agora a letra do alfabeto em tamanho grande, colocando-a em evidência em uma tela (papel-cartão).
- Perguntar se conhecem a letra sorteada. Todos terão papel sulfite. Pedir que anotem no papel, uma abaixo da outra.

  Para as hipóteses avançadas deverão usar a inicial para encontrar as palavras referentes ao texto/música usado como apoio.

Outras possibilidades:

- Mesmo procedimento. Sortear a letra, só que pedir para elencarem palavras que comecem com aquela letra que deverão estar relacionadas com o texto trabalhado. O direcionamento irá depender do educador.

- A partir das hipóteses, sugerir a confecção de uma poesia, preferindo, para esta atividade, o trabalho em grupos.
- O grupo poderá coletivamente declamar a poesia para seu grupo ou para uma outra sala.

ALFABETO CONCRETO

Objetivo:

Trabalhar estratégias de leitura e escrita, a criatividade e as habilidades motoras.

Material:

Texto conhecido da turma para leitura compartilhada. Pode ser poesia, música, parlendas, adivinhas, etc.

Desenvolvimento:

- Sugerir a divisão em pequenos grupos:
- Sortear uma letra para cada aluno.
- Pedir que desenhem, ou colem, um objeto em uma cartela que comece com a letra sorteada de uma palavra que esteja no texto.
- Na cartela escrever o nome e colocar a letra correspondente.
- Para as hipóteses mais avançadas, sugerir que encontrem a frase onde a palavra se encontra.
- No momento da letra sorteada, pedir que se dirijam ao painel alfabetário e retirem de lá um objeto, já selecionado, durante a semana, pelo grupo. Após o término, a cartela deverá ser colocada no painel, na letra correspondente.

Outras possibilidades:

- Qual grupo tem maior número de alunos?
- Quantos alunos tem cada grupo?
- Quantas palavras conseguimos elencar?

- Agrupar pela inicial do nome.
- Organizar uma lista dos nomes.
- Os alunos deverão se movimentar usando o corpo como referência.

ACHE O PARCEIRO

Objetivos:

Estimular o espírito de equipe. Desenvolver habilidade motora, agilidade, discriminação visual e localização espacial.

Material:

Placas com números de 1 a 20.

Desenvolvimento:

- Dois grupos.
- Uma fileira com números 1, 2.....20.
- Ao sinal, os componentes de uma fileira correm para pegar o número no chão.
- Procuram o número correspondente no colega.
- Correm de mãos dadas até a linha de chegada.

Outra possibilidade:

Variar a atividade com o nome de frutas, outro conteúdo ou conceito que o educador deseje trabalhar.

Detetive

Objetivos:

Trabalhar habilidades de leitura e escrita, criatividade e atenção.

Material:

Cartelas com frases invertidas ou palavras com letras invertidas, de acordo com as propostas; um CD com música conhecida das crianças.

Desenvolvimento:

- Num primeiro momento o educador cantará com as crianças, elaborando uma pequena coreografia.
- O educador dará pistas para cada criança adivinhar e tentar re-montá-la.
- A atividade poderá ser realizada com alfabeto móvel.
- Pode-se trabalhar em duplas, de acordo com os agrupamentos feitos, relacionados às hipóteses.

Outra possibilidade:

O grupo poderá sugerir outra música e cada dupla irá escrevê-la em uma cartela, trocando-a com a outra equipe.

Jogo das caixinhas

Objetivos:

Desenvolver habilidades motoras. Fazer reflexão sobre a leitura e estimular a criatividade.

Material:

Caixinhas-de-fósforos com figuras e letras, que serão confeccionadas pelas crianças com o auxílio do educador.

Usar painel alfabetário. Dentro do painel colocar, durante um determinado tempo, caixas de fósforos com figuras, letras, palavras, confeccionadas pelas crianças.

Desenvolvimento:

- Figuras coladas em caixinhas de fósforos.
- Colocar fichas dentro da caixinha com as letras correspondentes.
- Pedir para montarem palavras.
- Usar texto conhecido para a contextualização.

Outras possibilidades:

- Trabalhar letra inicial – letra final.
- Que outras palavras começam com aquela letra?
- Pode-se usar uma música tipo "Escravos de Jó" para fazer circular as caixinhas. Cada vez que a música acabar, faz-se o trabalho de escrita e leitura da caixa correspondente. O educador dará tempo para isso e fará as intervenções necessárias.

Bingo de letras

Objetivos:

Desenvolver atenção, coordenação visuomanual. Trabalhar o domínio do código.

Material:

Papel sulfite, tampinhas e palitos.

Desenvolvimento:

- Papel contendo o nome da criança e mais um nome. Exemplo: Lívia e Letícia.
- Saquinho com letras.
- Sortear as letras.
- Colocar uma tampinha ou palito ou qualquer outro material alternativo e a criança vai cobrindo a letra, ou transcrevendo-a em outro papel para visualizar e ler (estratégia do bingo).
- O facilitador anima:
  - Quem quer a boa?
  - Que letra?
  - Quantas letras faltam?

Outras possibilidades:

- Inverter as tabelas, aumentando o desafio.
- Poderá iniciar com o nome da criança, mais o nome da mãe. Em seguida acrescentar o nome do pai e irmãos, de forma gradativa.

Meu nome, um poema

Objetivos:

Trabalhar poesia usando o próprio nome. Desenvolver o potencial criativo, refletir sobre a leitura e a escrita.

Material:

Giz de cera e papel grande.

Desenvolvimento:

- Solicitar que cada criança escreva seu nome.
- A partir de cada letra a criança deverá construir outra palavra, com a ajuda do educador e que será anotada.
- No momento seguinte, ler com a criança e solicitar que ela construa oralmente um poema.
- O educador, em seguida, poderá anotar o poema de alguma criança e toda turma irá fazer nova leitura desse poema juntamente com o autor.
- A construção do poema também pode ser feita de forma coletiva.

Caixa surpresa

Objetivo:

Desenvolver as habilidades de leitura e escrita, espírito de organização e criatividade.

Material:

Caixa de sapato, objetos diversos, papel sulfite e lápis.

Desenvolvimento:

- Cada aluno traz, dentro de uma caixa, um objeto. Dará dicas aos alunos que tentarão adivinhar qual seria.
- Quando adivinharem o objeto, escrever (usando alfabeto móvel) a palavra e pedir que produzam com ela uma frase.
  Classes de desenvolvimento mais adiantado podem produzir histórias: primeiro oralmente, depois por escrito. Pode ser feito em duplas: ora um dita e o outro escreve e vice-versa.

DE CASA PRA ESCOLA

Objetivo:

Desenvolver a responsabilidade, a cooperação, o trabalho em grupo, a criatividade e a reflexão sobre a leitura e a escrita.

Material:

Alfabeto ilustrado (concreto).

Desenvolvimento:

- Solicitar às crianças que tragam objetos de casa.
- Classificar de acordo com a letra.
- Elaborar sacos de tecido (algodão cru) ou papel e colocá-los num varal.
- Montar uma lista de coisas que trouxe de casa.
- Escrever na papeleta e pedir que os organizem de acordo com o modelo.

Outras possibilidades:

- Cada dupla escolherá uma letra e com os objetos que estão no saco marcados com essa letra, trabalhará jogos de construção, falando em seguida do que conseguiram montar.
- Organizar lista dos objetos que consideram mais interessantes.
- Lista dos objetos que eu mais gosto e dos que eu menos gosto.
  Para esta atividade usar painel alfabetário.

ATIVIDADES COM NOMES

Objetivos:

Desenvolver habilidade de leitura e escrita. Habilidade motora, socialização e interação.

Material:

Papel pardo, tarjas para cada aluno e alfabeto móvel.

Desenvolvimento:

- Lista dos nomes dos alunos (com ajuda deles mesmos).
- Distribuir alfabetos e pedir que reconstruam seu próprio nome e o de mais um colega e depois escrevam, construindo crachás.

Outras possibilidades:

- Contar letras dos nomes.
- Observar se há repetição de letra no nome de cada criança.
- Verificar letra inicial e final.
- Observar se há repetição entre alguns nomes.
- Perguntar: – Quantos "A(s)" tem no nome? Ou apenas: – Que letras se repetem? Tem a letra ____ nesse nome?
- Esconder as fichas e pedir que repitam os nomes.
- Recolocar as fichas com um nome a mais. – Qual nome é diferente?
- Palavras que comecem com letras da inicial dos nomes de cada criança. (Pode ser oral ou oral e escrita.)

    Usar nesta atividade caixa de alfabeto móvel e painel de listas.

PESCARIA

Objetivo:

Trabalhar o domínio do código.

Material:

Jogo de pescaria (peixes e varinhas).

Desenvolvimento:

- Peixes com palavras ou peixes com letras. As letras devem ficar visíveis.
- Os peixes pescados são fixados numa grande folha de papel pardo (ou lousa).
- Tentar falar palavras com as letras, ou formar palavras que comecem com estas iniciais ou palavras que contenham as letras.

Outras possibilidades:

- Nomes, números, formas, cores, etc.
- Palavras relacionadas ao texto trabalhado.
- Direcionar: pescar as letras do nome da Flávia, etc.
- No caso de peixes com palavras, formar frases, produção de texto oral e escrito.

  Esta atividade pode ter como suporte o painel alfabetário. As crianças irão confeccionando os peixes e guardando no painel.

Classificação de objetos

Objetivos:

Desenvolver habilidades motoras. Refletir sobre leitura e escrita. Interação. Incentivo ao trabalho coletivo.

Material:

Giz e fita crepe.

Desenvolvimento:

- Solicitar que as crianças saiam pela escola recolhendo objetos que encontrarem.
- Montar um quadro de divisões: para cada letra um quadrado, que poderá ser demarcado com giz ou fita crepe.
- Em seguida, cada criança fica com o quadrado referente à inicial de seu nome.
- Pedir que façam listagem das palavras correspondentes aos objetos.
- Explorar o quadrado e objetos.
- Explorar a escrita e a leitura.

Vamos nos conhecer?

Objetivos:

Acionar estratégias de leitura. Favorecer o conhecimento do grupo. Facilitar a socialização. Desenvolver raciocínio lógico.

Material:

Fichas em branco, uma ficha para cada participante com o nome de todas as crianças e ficha coletiva.

Desenvolvimento:

• Cada aluno receberá uma ficha em branco e outra ficha com o nome de todo grupo.
• O educador solicitará que cada um escreva seu nome na ficha em branco.
• Colocar em duplas.
• Comparar as letras utilizadas no nome do colega com as do seu nome.
  – É o mesmo número de letras?
  – Quantas letras tem cada nome?
  – Quais as letras repetidas?
  – Quais as iniciais?
  – Quantos nomes mais apresentam a inicial igual ao seu nome?
  – Quantos nomes são iniciados com a letra ___ ?
  – Quantas meninas existem? Quantos meninos?
  – Que letra inicial aparece mais? E as do final?

– Vamos identificar nomes com maior e menor número de letras.
- Pegar a lista coletiva.
- Recortar e colocar todos num envelope.

No momento de colocar nomes no envelope (da lista coletiva) poderá usar o painel alfabetário como instrumento de apoio.

Sopa de Letras

Objetivo:

Estimular a criatividade, atenção, agilidade, respeito às regras, ordem e concentração.

Material:

Cones, várias letras, vários alfabetos móveis e dois quadrados desenhados no chão.

Desenvolvimento:

- As crianças ficarão dispostas em colunas.
- Letras serão colocadas sob os cones.
- Ao sinal do educador, deverão os primeiros se dirigirem aos cones, pegar as letras e montar, no quadrado desenhado no chão, uma palavra de preferência relacionada a um tema-texto que está sendo trabalhado pelo grupo, música, parlenda ou uma adivinha já conhecida.

  Para esta atividade podem ser usadas as letras do alfabeto móvel.

Outra possibilidade:

Com crianças menores, em vez de letras, serão usados vários desenhos, podendo trabalhar a montagem de um painel no chão para depois conversar sobre o que montaram.

JOGO DA ARGOLA

Objetivo:

Trabalhar a habilidade da leitura e da escrita, coordenação motora global, atenção e espírito de equipe.

Material:

Letras grandes do alfabeto em papel pardo.

Desenvolvimento:

- Monte uma lista com os nomes das crianças: personagens de história, títulos de histórias, lista de compras, nomes de frutas, textos de músicas conhecidas, etc.
- Colocar letras no chão. Pedir que a criança jogue a argola e acerte a letra.
- Imediatamente toda a turma deverá procurar, nas listas, palavras que comecem com esta letra, ou figuras, ou então o professor poderá mostrar uma placa com a palavra correspondente.
- Depois, fazer a leitura das palavras encontradas. Se forem figuras, fazer a escrita.
- O professor mostra a figura ou palavra e a criança tenta acertar a letra.

Outra possibilidade:

O mesmo procedimento poderá ser usado com números para trabalhar raciocínio lógico-matemático.

Usar como apoio o painel alfabetário.

Boliche

Objetivo:

Incentivar as habilidades motoras e atenção, leitura e escrita.

Material:

Garrafas com letras diversas. Usar textos de apoio: poesia, parlenda, ou letra de música.

Desenvolvimento:

Os participantes tentam derrubar as garrafas. Dizer uma palavra com a letra correspondente à letra de cada garrafa que cair e que esteja no texto que está sendo trabalhado.

Outras possibilidades:

- Pedir que localizem no texto a palavra.
- Em seguida, escrevê-la.
- Organizar as palavras em lista.
  Usar painel de listas como apoio para esta atividade.

Jogo da memória

Objetivos:

Desenvolver habilidades de leitura e escrita. Trabalhar a interação, a socialização, a coordenação motora global e a atenção.

Material:

Texto pequeno, para apoio, que deverá ter sido lido anteriormente pelo grupo, fichas com letras, figuras e palavras.

Desenvolvimento:

- Alguém designado como leitor irá ler o texto pausadamente.
- Espalhar as fichas no chão.
- Trabalhar com a letra inicial do nome da figura.

Outras possibilidades:

- Organizar figura com figura.
- Organizar palavra com figura.
- Quantas palavras iniciam com a mesma letra?
- Numa palavra determinada, quantas letras são iguais?
- Identificar a palavra no texto.

O QUE NÃO COMBINA?

Objetivos:

Refletir sobre a função social da escrita. Acionar estratégias de estruturação da escrita e memória visual.

Material:

Uma receita de bolo ou brigadeiro ou bombom de leite ninho.

Desenvolvimento:

- Solicitar que as crianças conversem e ouçam a leitura da receita.
- Escrevê-la no papel pardo.
- Distribuir uma cópia para cada criança.
- Pedir que recortem e remontem a receita. Este trabalho será feito em duplas.
- O educador também terá sua receita para remontar e incluirá um ingrediente diferente da receita. Por exemplo: sal, pimenta ou outro.
- Pedir que as crianças descubram o que não combina nesta receita.

Outras possibilidades:

Lançar mais um desafio para as crianças:
- Você tem 10 fatias de bolo, para distribuir para sete crianças. Como fazer?
- Como fazer para não deixar nenhum resto e que a divisão seja justa?

Jogo da caixa com nomes

Objetivos:

Trabalhar a alfabetização. Desenvolver habilidades de leitura e escrita. Trabalhar as habilidades motoras, o trabalho em equipe e a interação.

Material:

Fichas com nomes das crianças em três ou quatro caixas de sapato.

Desenvolvimento:

- Organizar as crianças em três ou quatro filas.
- As caixas em frente das filas deverão conter os nomes das crianças daquela fileira.
- As crianças é que organizarão as caixas.
- Ao sinal do educador, pedir a cada criança encontrar seu próprio nome.

Outras possibilidades:

- Na sala, realizar a escrita e a leitura dos nomes de cada criança.
- Organizar listas com nomes de cada grupo, separadamente.
- Pedir que façam a chamada e reorganizem a lista por ordem alfabética.
- O mesmo processo poderá ser feito pedindo que encontrem, por exemplo, o nome do companheiro que senta ao seu lado.

Seja esperto

Objetivo:

Incentivar a capacidade de decisão rápida, atenção, observação, agilidade e descontração.

Material:

Caixas de fósforo.

Desenvolvimento:

- As crianças serão dispostas em círculo.
- Dentro do círculo serão colocadas várias caixas de fósforo em número ímpar.
- As crianças serão numeradas.
- O educador chamará dois números que deverão levantar-se e correr em volta do círculo. Ao chegar no espaço vago, entrará por ele, apanhando o maior número de caixas possível.

Outras possibilidades:

- Cada caixa poderá conter o nome dos alunos e mais alguns nomes que não pertencem à turma. Ao fazer a contagem, irão abrindo as caixas, tentando descobrir de quem é o nome. Cada nome que não corresponde ao da classe estará acompanhado de uma tarefa para todo o grupo representar.
- Pedir que os nomes pegos pelo aluno A formem o grupo A e pelo aluno B, o grupo B. Solicitar que façam a lista dos nomes de cada grupo, transcrevendo-os para o papel.

- Agrupar separadamente os nomes que não pertençam à turma.
- Colocar os nomes nas fichas que irão dentro das caixas de fósforo.
- Escrever em um painel as tarefas que serão executadas pela equipe que não conseguir "ler" os nomes e, portanto, não descobrir se são ou não da classe.

  – Quantas crianças participarão?

  – Quantas caixas de fósforo serão preparadas?

  – De quantas fichas com nomes precisarão?

  – Haverá mais crianças, ou mais caixas?

  – Quantas a mais?

  – Qual equipe pegou mais caixas?

  – Quantas a mais?

  – Quantos nomes não são da classe?

  – Quantos nomes são da turma?

  – Qual é a diferença entre eles?

  – Onde será o jogo?

  – Qual espaço será usado?

  – Quantos passos terão que ser dados para formar o círculo maior?

  – E o círculo ou espaço das caixas? Onde será? Calcule a distância entre eles.

  – Como será o jogo? Descrevê-lo.

  – Fazer as caixas e as fichas. Fazer o painel com as tarefas.

  – Enfeitar as caixas.

Eu sou poeta

Objetivos:

Desenvolver a criatividade e o gosto pela leitura de poemas, trabalhar a imaginação e a expressão corporal. Refletir sobre a leitura e a escrita.

Material:

Textos com vários poemas conhecidos pelas crianças.

Desenvolvimento:

- Dividir a turma em grupos, tantos quantos forem os poemas escolhidos pelas crianças.
- Cada grupo fará uma releitura do texto e se subdividirá em dois grupos: um declama, o outro interpreta. Inverter a posição para que os dois grupos façam o mesmo.

Outras possibilidades:

- Todos declamam e todos interpretam.
- No lugar do poema, usar letra de música.

APRESENTANDO UM AMIGO

Objetivos:

Desenvolver o gosto pela leitura. Instigar o desejo de tentar ler, antes de saber ler convencionalmente, percepção visual e interação.

Material:

Livro de história.

Desenvolvimento:

- Apresentar uma história para a criança.
- Formar duplas.
- Solicitar que conversem sobre a história.
- Identificar se existe algum movimento na história e realizá-lo.
- Tentar reproduzir e em seguida criar outros movimentos.
- Escolher alguns do grupo e solicitar que contem oralmente a história para o grupo e interpretem com os movimentos elaborados anteriormente.

CONTO DE FADAS

Objetivos:

Desenvolver as habilidades motoras, ritmo, percepção. Resgatar os contos de fada. Trabalhar imaginação, criatividade e reconto de histórias.

Material:

Vários livros de história, dos quais o educador coletará o nome de alguns personagens.

Desenvolvimento:

- Sentados em círculo, o educador irá ler para a turma uma história – leitura compartilhada.
- Após a leitura, sugerir "o recontar".
- Em seguida, trabalhar o imaginário dizendo:
    - "Estamos formando um poço". Neste momento, todos devem ficar em pé e correr moderadamente no círculo.
    - "Dentro dele iremos jogar muitos elementos mágicos" (que constam nos contos).
- Cada criança irá dizendo sem repetir: trança, estrela, floresta, sapato de cristal, roupas, etc.
- Num segundo momento, tirar tudo do poço.
- Lançar os companheiros no poço, iniciando pelo facilitador, que pulará para dentro do círculo e dirá o nome de uma ou mais crianças que irão para o círculo e farão o mesmo.
- No terceiro momento, é hora de tirar todos do poço, usando nome de personagens das histórias: Ex.: Rapunzel pulou num

poço e tirou o amigo(a).... O nome das personagens não poderá ser repetido.
- Quem repetir, fica congelado e no final todo o grupo irá combinar palavras mágicas para tirá-los.

CORRIDA DOS VALORES HUMANOS

Objetivos:

Desenvolver o trabalho em grupo, a criatividade. Possibilitar a ressignificação dos valores humanos, favorecer a interação e trabalhar as habilidades motoras.

Material:

Bexiga, papel com os valores humanos a serem trabalhados escritos nele. Por exemplo: "gratidão".

Desenvolvimento:

- Colocar os alunos dispostos em quatro fileiras.
- Cada um receberá uma bexiga e um determinado valor escrito em um papel. Esses valores poderão ser sugeridos pelas próprias crianças no momento da roda da conversa. A quantidade de papéis com valores deve ser a mesma que a do número de alunos.
- Solicitar que coloquem o papel dentro da bexiga.
- Ao sinal, os alunos da primeira fileira, já de posse da bexiga com o papel dentro, deverão correr ao ponto de chegada determinado pelo educador.
- O valor que chegar primeiro deverá ser anotado num quadro pelo educador ou outra criança. O valor que repetir em maior número de vezes será o eleito para ser desenvolvido com a turma por meio de reflexões, leituras compartilhadas, dramatização, montagem de histórias em quadrinhos, etc.

Outras possibilidades:

- Trabalhar estratégias de leitura.
- Organização de lista.
- Remontagem do texto.
- Narração de histórias em cima de determinado valor.
- Listas de situações levantadas pelo grupo.
- Elaboração de um texto coletivo oral e/ou escrito pelo educador (caso os alunos ainda não possuam o domínio da escrita).
- Organização e elaboração de uma carta ou poema falando desse valor, enviando-o para outras turmas ou para alguém determinado pelo grupo.
- Inventar uma paródia.

Mercadinho

Objetivos:

Acionar estratégias de leitura e escrita. Trabalhar o imaginário, a criatividade, espírito de organização e cooperação.

Material:

Embalagens de produtos, rótulos, cartolinas e fichas em branco.

Desenvolvimento:

- Colocar a turma em círculos. Cada criança estará com suas embalagens e rótulos.
- Fazer um levantamento sobre a propaganda que eles mais conhecem e mais gostam na TV.
- Por quê? Deixar que socializem.
- Perguntar se sabem que produto oferece aquela propaganda.
- Deixar que socializem agora os rótulos e as embalagens.
- Falar da utilidade dos rótulos.
- Perguntar: – Conseguem ler o que está escrito?
- Pedir que juntem embalagens iguais.
- Embalagens com iniciais iguais.
- Elaborar com o grupo uma lista a partir destes nomes.

Outras possibilidades:

- Solicitar que montem uma prateleira de supermercado e que interpretem os papéis de vendedor e comprador.

- Elaborar cartazes com os rótulos.
Dividir em grupos e pedir que observem os cartazes.
- Trabalhar com as embalagens. Jogos de construção.
- Pedir que escrevam em fichas os nomes de produtos que reconhecem porque são usados em casa.

Lista de compras

Objetivos:

Trabalhar raciocínio matemático e estratégias de leitura.

Material:

Papel pardo, caneta hidrocor, sulfite, fita adesiva, lápis de cor ou giz de cera.

Desenvolvimento:

- O educador irá elaborar, junto com as crianças, um quadro de coisas que se compra no supermercado que serão registradas em fichas.
- Em seguida, as crianças em grupo irão fazer os desenhos em outras fichas que serão anexadas no quadro grande.
- O desafio será o grupo encaixar as fichas escritas no desenho correspondente.
- O grupo que conseguir o maior número de acertos ganhará um prêmio.

Outras possibilidades:

- Classificar: salgado, doce, frutas, etc.
- Os próprios alunos poderão trazer embalagens vazias para montarem um supermercado.
- Trabalhar o raciocínio matemático simulando situações de compra e venda.

Combinação de palavras

Objetivo:

Desenvolver as habilidades de leitura e escrita, raciocínio lógico e habilidade motora.

Material:

Fichas.

Desenvolvimento:

- Fazer fichas com nome de: frutas, alimentos, animais, legumes, marcas de produto, brinquedos e outros.
- Espalhar pelo espaço onde se está trabalhando.
- Agrupar a partir de um atributo combinado: iniciais, campos semântico, terminação e tamanho.
- Escada da palavra – da menor para a maior (apoiar no número de letras).
- Trabalhar:
– ordem crescente e decrescente;
– igual, diferente;
– negação de atributos.

Outras possibilidades:

Organizar caça ao tesouro de acordo com os atributos estabelecidos.

Falando de casa

Objetivos:

Facilitar a integração. Acionar estratégia de leitura e criatividade.

Material:

Papel pardo, caneta hidrográfica, lápis de cor e figuras de vários tipos de moradia.

Desenvolvimento:

- Colocar os alunos na roda da conversa.
- Pedir a cada um que fale da sua casa, onde mora e como é o lugar.
- Depois do grupo, levantar os vários tipos de casa. Pedir para cada um desenhar sua casa.
- Indagar sobre o que tem dentro desta casa e o que eles mais gostam. Pedir que indiquem verbalmente.
- O educador poderá neste momento elaborar no coletivo uma lista de coisas de que o grupo gosta. Na frente de cada coisa escrever o nome da criança.
- Colocar em lugar visível.

Outras possibilidades:

- Levantar com as crianças o que tem dentro de cada cômodo da casa.
- Elaborar uma lista destes objetos.
- Pedir que desenhem os objetos nas fichas.

- O educador irá escrever o nome destes objetos em outra ficha (pode ser um jogo da memória).
- Ou ainda: Dividir a turma em dois grupos. Um grupo fica com a figura, o outro tenta encontrar o nome correspondente.
- Quantos objetos encontramos? Quanto há em cada cômodo?
- O educador irá espalhar todas as fichas pela sala (as desenhadas).
- Delimitar um espaço para cada cômodo.
- Ao encontrarem as fichas, as crianças deverão direcioná-las ao cômodo certo. Ao terminar este primeiro momento, dividir um grupo para cada cômodo.
- No painel de fichas escritas, cada grupo irá tentar encontrar as fichas correspondentes ao desenho escolhido.

SÓ VALE SENTADO

Objetivos:

Desenvolver a habilidade motora e o controle. Acionar as estratégias de leitura e escrita e raciocínio lógico.

Material:

Uma bola.

Desenvolvimento:

- Alunos em círculo e sentados.
- Um é eleito pelo grupo para ficar no centro.
- A bola será lançada de um elemento ao outro e o do centro tentará pegá-la também, sem poder se levantar.

Outras possibilidades:

- Colocar em ordem alfabética os nomes dos alunos que formarão o círculo.
- Nomear o aluno que ficará no centro.
- Escrever a regra do jogo numa folha de papel pardo para ser exposta na sala de aula.
- Nomear os alunos que conseguiram pegar a bola no centro, sem derrubar.
- Nomear as partes do corpo que ficarão flexionadas.
- Nomear as partes do corpo que pegarão a bola.

- Nomear todas as partes do corpo. Discutir quais alimentos se deve comer para conseguir resistir à posição correta, à força dos músculos.

- Discutir se poderão sair para beber água, ir ao banheiro, por que poderão ou não fazê-lo.

- Estudar a posição correta para o jogo. Como se postar melhor para sentar-se corretamente.

- Contagem de rotina: contar os alunos colocando a mão sobre a cabeça de cada um (relacionar com quantidade).

- Contar de dois em dois, de três em três. Verificar se o número do grupo é maior que 10, menor que 10. Quantos grupos de 10 há no círculo? (iniciar noção de dezena).

- Quantas vezes a bola é jogada do aluno para cada elemento do grupo.

- Todos os alunos poderão ser jogadores.

- Quantos não participaram? Por quê? Foram mais alunos que pegaram a bola? Foram menos alunos que acertaram?

- Medir o círculo: quais formas são semelhantes a ele? Que distância ficará cada aluno do centro? Qual é a distância que existe dentro do círculo? Que aluno fica de frente para o outro?

- O que mede mais: o *contorno* ou o *raio* do círculo.

- Descrever como os índios se sentavam. Eles também usavam o círculo para se comunicarem.

- Por que um jogo em círculo?

Sempre 9

Objetivos:

Facilitar a integração. Estimular o raciocínio lógico-matemático, atenção, concentração, esforço, perspicácia e interesse pelo conhecimento.

Material:

Peças de dominó.

Desenvolvimento:

- Grupos de 3.
- O aluno apresentará uma peça do dominó. Exemplo: de um lado da peça dois elementos e, do outro, 4 elementos. O outro participante deverá completar até dar o número 9 e assim sucessivamente.

Outras possibilidades:

- Ter mais de um jogo e trabalhar o grupo como um todo, obedecendo a uma sequência.
- Não dando mais para agrupar o número 9, deverão somar quantos pontos sobraram.

Bocha legal

Objetivos:

Desenvolver raciocínio lógico, coordenação visuomanual e localização espaçotemporal. Incentivar o trabalho em grupo.

Material:

Várias bolas coloridas (isopor, meia, borracha dependendo da superfície usada para o jogo).

Desenvolvimento:

- Cada bola conterá um número de 2 a 9.
- A bola que deverá ser lançada sobre as outras será a de número 1.
- Cada dupla participante deverá lançar a bola tentando acertar as demais. Ao acertá-las, verificar os números que ficaram para cima.
- Cada jogador terá direito a duas tacadas. Serão anotados nas duas tacadas os números que cada participante conseguiu, somando seus créditos.

Outras possibilidades:

- Levantar quantos pontos foram realizados no total.
- Quantos de cada cor?
- Juntando as fichas das duplas, qual dupla fez mais pontos?
- Qual a que fez menos pontos?
- Registrar tabela de pontos.

ARREMESSE NO CALENDÁRIO

Objetivo:

Desenvolver o raciocínio lógico, a criatividade, a atenção, a coordenação motora e a coordenação visuomanual.

Material:

Um calendário contendo os meses do ano, uma moeda, uma mesa, fichas com os sinais +, - , x, : .

Desenvolvimento:

Em grupos de quatro, os alunos deverão acertar no calendário de acordo com a proposta feita pelo educador. Exemplo: mês que cada um do grupo nasceu, dia em que cada um nasceu, dia e mês que estamos, dia do aniversário da escola, a idade do mais novo da turma, etc.

Outras possibilidades:

- Lançar a moeda em um determinado número, marcar num papel que será disponibilizado para isso; as fichas com sinais (das operações) estarão viradas e a criança deverá escolher uma delas; lançar a moeda em um outro número e efetuar a operação em seguida.
- Que estação do ano corresponde à data que a moeda caiu? Que tipo de roupas usamos nessa estação? Que tipo de alimentação é recomendada?
- O educador terá outras propostas desafiadoras para estimular as crianças de acordo com o desenvolvimento do grupo.

Jogo dos números

Objetivos:

Identificar os números e desenvolver ritmo. Trabalhar as habilidades motoras e atenção. Favorecer a interação e a socialização.

Material:

Cartões com números de 0 – 9.

Desenvolvimento:

- Espalhar os cartões num espaço delimitado.
- Solicitar que pulem e saltem ao redor dos cartões seguindo o ritmo de uma música qualquer.
- Quando o educador der o sinal e indicar um determinado número, todos deverão parar no respectivo número.

Outras possibilidades:

- Usar, no lugar dos números, figuras geométricas.
- Trabalhar com diversas cores.
- Usar objetos grandes e pequenos.
- Usar objetos compridos e curtos, largos e estreitos, etc.
- Jogo de bingo com os numerais.
- Dominó, de preferência confeccionado pelas crianças.
- Multiplicação (tabuada do número solicitado).
- Trilha matemática.
- Sequência numérica para descobrir um desenho.

NÚMEROS EM GRUPOS

Objetivos:

Desenvolver o raciocínio lógico-matemático, quantidade, grupo e ordenação. Trabalhar as habilidades motoras, ritmo, atenção.

Material:

Cartazes com números de 1 a 9.

Desenvolvimento:

- O educador conduz as crianças a uma área livre, orientando-as a caminharem desordenadamente em várias direções batendo palma. Num dado momento, dá um sinal para pararem apresentando um cartaz com um dos números pedindo que se organizem em subgrupos, de acordo com o número solicitado.
- Colocar a mão sobre os ombros, uns dos outros, formando colunas.
- O educador dará as seguintes ordens para as colunas: "Andar para frente, andar para trás, andar de lado, andar apoiados nos calcanhares, andar a passos largos, depressa, pisando forte, lentamente, ponta dos pés, etc."

Atenção:

Caso algum grupo não consiga entrar em formação de acordo com o número indicado por falta de elementos, solicitar que procurem entre os cartazes o número correspondente à sua formação.

Outras possibilidades:

- Na formação de colunas, sugerir ordem crescente e decrescente.
- Sugerir que intercalem crianças altas e baixas.
- Na formação de grupos diferentes, indagar: Quantos números faltam para chegar ao número solicitado? Quantos sobraram? Se eles se juntarem a um outro grupo, quantos ficarão?
- Números pares e ímpares (agrupamento).
- Formar figuras geométricas de acordo com a ordem do locutor.
- Jogo de bingo com numerais e com a soma deles.
- Dominó de adição/subtração.

Brincando com o dado

Objetivos:

Trabalhar habilidades motoras, criatividade, atenção, socialização, raciocínio lógico-matemático e estratégias de leitura, noções de quantidade, numeral, subtração e adição, habilidade de comparar. Refletir sobre a escrita.

Material:

Dado grande, seis cartelas, cada uma marcando um numeral de 1 a 6 – material para contagem: palitos, fichas, tampinhas e outros que servem para estimular o raciocínio.

Desenvolvimento:

- Seis participantes, cada um com uma cartela.
- O animador orienta para que cada participante lance o dado, tentando obter o número correspondente ao numeral/quantidade de sua cartela. Caso isso não ocorra o animador deverá intervir, questionando se foi menos, se foi mais, quanto falta, quanto tem mais? etc.

Outras possibilidades:

- Trabalhar a escrita dos numerais. Qual o número de letras utilizado para escrever determinado numeral?
- Usar fichas com os numerais escritos (para leitura), ao jogar o dado a criança lê a sua cartela.

- Dividir a turma em dois grupos. Ao jogar o dado, imediatamente as crianças deverão agrupar-se de acordo com o número correspondente e o mediador poderá solicitar algumas propostas como: – Digam três palavras que vocês acreditam serem importantes para um bom relacionamento na turma. Escolham dois elementos do grupo para cantar/dançar/representar, etc.
- Usar material de sucata. Jogar o dado em duplas e pedir que montem aquele número com o material disponível, desenvolvendo também a criatividade.
- Trabalhar antecessor e sucessor.
- Ordem crescente e decrescente.
- Observar as características da figura espacial (sólido-geométrica).
- Em grupos, elaborar situações-problema contextualizadas (jogar os dados alternadamente, identificar os números), utilizando as quatro operações.
- Sugerir que montem com o próprio corpo o número referente ao dado.

Brincando com os calçados

Objetivos:

Desenvolver atenção, observação, imaginação e habilidades motoras. Estimular a criatividade, possibilitar a interação no grupo e a noção de sequência.

Material:

Os calçados de cada criança.

Desenvolvimento:

- O facilitador propõe aos participantes que façam uma roda e tirem os calçados, colocando-os na sua frente.
- O facilitador pega os calçados de alguns participantes e forma um conjunto-padrão, no centro da roda, repetindo no mínimo duas vezes. Exemplo: 3 calçados de lado e 2 com a sola para cima. Pede em seguida que continuem as sequências de calçados obedecendo à mesma regra. A fila irá crescer até que todos os participantes tenham colocado seus calçados.
- O facilitador poderá propor mudança no padrão, fazendo uma nova fila, mudando o segredo (regra) da arrumação.

Outras possibilidades:

- Realizar a atividade usando o corpo dos participantes.
- Para expressar o mesmo padrão da atividade proposta no início, o facilitador poderá propor fazer com o corpo uma nova fila que tenha o mesmo segredo dos calçados. Exemplo: participan-

tes deitados no chão na vertical, na horizontal ou de frente, de lado e de bruços.

- Realizar a atividade usando "coleções" – objetos a que eles tenham acesso na própria sala ou fora dela, por exemplo: coleção de livros, coleção de materiais escolares, coleção de objetos para sentar, etc.
- Organizar uma lista das marcas dos tênis.
- Verificar a quantidade de pares.
- Separar semelhantes e diferentes.
- Trabalhar operações – adição e subtração.
- Agrupar por número dos calçados.
- Organizar uma fileira de calçados por ordem crescente/decrescente.
- Duas colunas, um círculo grande a uma distância razoável onde ficarão todos os calçados. Ao sinal do facilitador, os participantes, um de cada vez, deverão transferir um calçado de cada vez para o círculo correspondente à sua coluna, realizando posteriormente a contagem dos dois grupos.
- Abordar a questão da importância da higiene dos pés e calçados e as consequências de não fazer a higienização correta.
- Escolher alguns calçados que funcionarão como personagens e desenvolver uma pequena dramatização sobre o tema ou outro como, por exemplo, a diferença entre um e outro.

Trabalhando as diferenças

Objetivos:

Desenvolver as habilidades de comparar e discriminar. Estimular a criatividade e atenção.

Material:

Papel sulfite e figuras geométricas.

Desenvolvimento:

- Sobre uma folha de sulfite, dividida em quatro partes, o educador coloca duas figuras geométricas que contenham uma diferença. Exemplo: um retângulo azul e um retângulo vermelho – a diferença é a cor.
- O educador coloca a terceira peça e desafia a criança a escolher a quarta peça, observando que entre ela e sua vizinha deverá ter a mesma diferença.
- A mesma atividade poderá ser desenvolvida usando um painel grande, por exemplo – papel pardo, com figuras maiores. Dividir a turma em dois grupos. O educador faz a proposta desafiando os grupos. Marca ponto o grupo que acertar primeiro.

Outras possibilidades:

- Aumentar o desafio, colocando posteriormente duas diferenças, três e por fim quatro diferenças: cor, tamanho, forma e espessura.
- Trabalhar cores: primárias e secundárias.

- Produção artística no plano e espaço usando as formas geométricas.
- Reconhecimento das formas geométricas no espaço.
- Propriedades das formas geométricas.
- Linhas retas e linhas curvas.
- Escrever o nome das figuras geométricas.
- Elaborar uma lista de objetos e locais que encontraram no reconhecimento das formas geométricas no espaço escolar.

Trabalhando com palitos

Objetivos:

Trabalhar a interação. Desenvolver a noção de conservação, de quantidade, do valor posicional do número, raciocínio através da estimativa, compreensão de regras e habilidades motoras.

Material:

Palitos de sorvete pintados de cores diferentes.

Desenvolvimento:

- O facilitador distribui palitos e tampinhas ou fichas, em quantidades diferentes, e orienta-as que agrupem os palitos com igual número de tampinhas. Caso não tenham noção de conservação de quantidade agruparão palitos em quantidade diferente ao número de fichas.
- Os participantes poderão utilizar o próprio corpo, formando grupos de acordo com a quantidade de palitos e representando dessa forma a ideia de conservação.

Outras possibilidades:

- Dividir o grupo em duas colunas. Fazer um círculo à frente das duas colunas. Ao sinal do facilitador, os primeiros deverão pegar um palito e levar para o círculo da sua coluna, cada cor corresponde a um número, que no final será somado, trabalhando a partir desse momento as operações adição e subtração.
- Cada cor representa uma determinada palavra ou texto que será trabalhado com a classe.

- Cada cor corresponderá a um livro para leitura que o grupo deverá ler, recontar e elaborar textos e atividades, sempre com a orientação do educador.
- Dividir o grupo em círculos. Cada círculo receberá uma quantidade de palitos iguais. Um aluno será escolhido como o comprador. Ao sinal dado pelo facilitador este aluno deverá comprar o maior número de palitos para o seu círculo, tentando retirar dos demais círculos. Cada cor representa um valor diferente. No final o grupo deverá realizar a contagem. O grupo que fez menos pontos deverá cumprir uma tarefa determinada pelo grupo que fez mais pontos.

BATE E VOLTA

Objetivos:

Desenvolver a agilidade, localização espaçotemporal, atenção, raciocínio lógico. Refletir sobre a leitura e a escrita.

Material:

Duas ou mais bolas.

Desenvolvimento:

- A primeira criança de cada coluna deverá lançar a bola contra a parede. Imediatamente correr para o final da coluna.
- O seguinte se prepara para receber a bola e em seguida lançá-la, evitando deixar a bola cair no chão. A atividade continua enquanto o grupo estiver motivado.

Outras possibilidades:

- Fazer uma lista dos alunos participantes.
  - Colocar os nomes pela ordem de coluna.
  - Fazer uma lista do material que será usado. Escrevendo BOLA. Contar as letras, sílabas. Separar pela ordem alfabética.
- Contagem de rotina. Quantos alunos farão parte do jogo?
  - Separar os grupos. Verificar se estão com a mesma quantidade de crianças.
  - Se não der certo, o que aconteceu?
  - Os números não são pares? Por quê?

- O que faz um número ser par?
- Dividir as colunas em dois, ou três (noções básicas de divisão).
- Medir a distância de onde será lançada a bola.
- Calcular mais ou menos a altura que será lançada (desafio).

• Traçar o caminho que será feito por cada elemento que lançar a bola.
- Traçar uma linha divisória para separar as colunas dos grupos.
- Medir a distância de cada um para que nenhum grupo seja beneficiado pela distância ou área de abrangência.

• Contar como será o jogo.
- O porquê do seu uso.
- A consequência do desempenho.
- O respeito ao colega.
- A ordem. A organização.

• Cuidados para não ocorrerem acidentes.
- A velocidade dependerá da agilidade, mobilidade, esperteza de cada um em conformidade com o grupo.
- União de todos para obter sucesso.

• Antes de pegar a bola, realizar um gesto. Exemplo: bater palma, ou dar uma volta, etc.

• Refletir com os alunos:
- Ângulo, trajetória, impulso e força.
- Utilizar parlendas (ir falando enquanto joga a bola).
- Trabalhar a leitura e a remontagem da parlenda em dupla.

• A turma escolherá uma música e cantará simultaneamente.

BIBLIOGRAFIA

BORDENAVE, J.D. & PEREIRA, A.M. *Estratégias de ensino-aprendizagem*. Petrópolis: Vozes, 2005.

CARRAHER, T.N. (org.). *Aprender pensando*: contribuições da psicologia cognitiva para Educação. Petrópolis: Vozes, 2005.

FERNANDEZ, A. *A inteligência aprisionada*. Porto Alegre: Artes Médicas, 1991.

FERREIRO, E. & TEBEROSKY, A. *Psicogênese da língua escrita*. Porto Alegre: Artmed, 1985.

FRIEDMANN, A. *Brincar, crescer, aprender, o resgate do jogo infantil*. São Paulo: Moderna, 1996.

GOMES, D.A. & FERLIN, A.M. *Gente pequena aprende brincando* – Movimento e aprendizagem. São Paulo: Novo Saber, 2003.

HENGEMÜHLE, A. *Gestão de ensino e práticas pedagógicas*. Petrópolis: Vozes, 2004.

KAMII, C. *Jogos em grupo na Educação Infantil*: implicação na teoria de Piaget. São Paulo: Trajetória Cultural, 1991.

KISHIMOTO, T.M. *Jogos tradicionais infantis*: o jogo, a criança e a educação. Petrópolis: Vozes, 1993.

_____. *O jogo, a criança e a educação*. São Paulo: USP, 1992 [Tese de livre-docência].

KISHIMOTO, T.M. (org.). *O brincar e suas teorias*. São Paulo: Pioneira, 1998.

MACEDO, L. *Ensaios construtivistas*. São Paulo: Casa do Psicólogo, 1994.

OLIVEIRA, Z.R. *Educação Infantil*: fundamentos e métodos. São Paulo: Cortez, 2002.

PIAGET, J. *A formação do símbolo na criança*. São Paulo: Zahar, 1978.

REGO, T.C. *Vygotsky* – Uma perspectiva histórico-cultural da Educação. Petrópolis: Vozes, 2003.

VYGOTSKY, L.S. *A formação social da mente*. São Paulo: Martins Fontes, 1989.

_____ *Linguagem e pensamento*. São Paulo: Martins Fontes,1989.

WALLON, H. *As origens do pensamento na criança*. São Paulo: Manoele, 1989.

WEIL, P. & TOMPAKOW, R. *O corpo fala* – A linguagem silenciosa da comunicação não verbal. Petrópolis: Vozes, 2005.